소금이 맛을 잃으면 어찌하리

소금이 맛을 잃으면 어찌하리

최창업 수필집

| 차 례 |

1부 · 소금이 맛을 잃으면 어찌하리

음식물 쓰레기	10
특별한 고객	15
수박이 맛 내는 예술	21
소금이 맛을 잃으면 어찌하리	26
채소	31
백마의 기상	35
미래의 먹거리	40
열정과 도전	45
역사의 한 페이지	52

그들만의 정신미학 ―― 2부

젓가락	58
사라진 흔적	63
행복을 주는 잠	70
용이 하늘로 승천할까?	75
루아의 입학식	80
코로나19	85
땡초김밥	90
그들만의 정신미학	96
술이 남긴 상처	101

| 차 례 |

3부 덤으로 사는 나날

점占	108
웃으면 복이 와요	112
덤으로 사는 나날	117
돋보기	122
작은 거인	127
소풍 가는 날	133
100세를 위한 버킷리스트	137
그녀의 바람	142

철길 옆에서   4부

이발	150
운동회의 기적	156
복덩이가 남기고 간 것들	163
검정 고무신	168
철길 옆에서	173
펜팔	178
풀 뽑힌 최 고집	184
연산홍이 떨어지며	189
장맛비의 여운	195

| 차 례 |

5부 ・ 노년의 유치원

두부 예찬	202
어머니의 가죽나무	207
명절의 뒤안	213
노란색 마술의 신비	218
호박의 비밀	223
응어리진 여자의 일생	228
노년의 유치원	234
흙으로 돌아가다	239
작가의 말	244

'간이 심심해'라고 하는 말은
소금의 역할을 의미하는 뜻이다.
소금은 모든 음식의 맛을
내는데 절대적 존재다.

01
소금이 맛을 잃으면 어찌하리

음식물 쓰레기

　　　　사람은 먹어야 산다. 동서고금을 막론하고 먹는 일에 누구나 자유로운 사람은 없다. 요즘 텔레비전에서는 음식 즐기는 프로그램이 인기가 있다. 그 이유가 무엇일까. 이제 끼니의 중요성이 넘쳐, 맛을 즐기고 공유하는 유행에 이르렀다. 스마트폰의 검색으로 맛집이다, 라고 하면 지구 끝까지라도 찾아갈 기세다. 음식의 향연 뷔페는 여러 가지의 음식이 차려져 고객의 입맛에 따라 골라 먹는 장점이 있어 좋다.

　뷔페 형식과 식사법은, '해적인 바이킹들이 약탈한 보물들을 싣고 육지로 돌아와서 큰 식탁에 많은 음식을 차려놓고 그들만의 잔치를 벌였다'라고 전해진다. 바다건 육지건 낮과 밤을 가리지 않고 먹고 마시며 그들만의 방법으로 치러졌던 식사 방법이 오늘날의 뷔페로 발전했다는 설說이 있다.

뷔페는 음식의 여러 종류뿐 아니라, 다양한 형태로 구분된다. 호텔 객실 투숙객을 위하여 편하고 간단한 식사 형태의 서양식으로 커피, 빵과 계란을 기본으로 구성하여 위장에 부담을 줄이는 오전 10시 이전까지 제공하는 조식 뷔페. 아침과 점심 중간의 겸용 식사인 브런치 뷔페. 즉석에서 메인 요리와 여러 음식이 차려진 보통 12시에서 15시의 런치 뷔페. 코너별로 다양한 특별즉석요리가 제공되며 음식의 가짓수가 가장 많은 보통 18시에서 20시 정도까지 식사하는 디너 뷔페로 구성되어 있다.

그 외도 많은 뷔페 형식이 있다. 해산물 뷔페, 한식 뷔페, 스탠팅 뷔페, 출장 뷔페, 가든 뷔페, 테마 뷔페, 고기 뷔페 등이 있다. 엄밀하게는 두 종류로 구분한다. 다양한 음식을 무제한으로 고객에게 제공하는 오픈(상설) 뷔페와 일정한 음식의 양을 인원수에 맞게 차려주는 크로스(예약) 뷔페로 구분된다. 상설 뷔페는 시중 곳곳에서 접할 수 있다. 일정한 식비를 지급하고 마음껏 먹을 수 있는 장점이 있는 반면, 선호하는 음식만 선택하다 보니 포만감 때문에 다른 음식을 먹을 수 없는 단점도 있다. 예약 뷔페는 주로 호텔에서 연회행사 또는 출장 뷔페로 가격과 메뉴가 구성되어 선택하고 인원이 예약된 상태에서 음식이 차려진다. 음식이 부족해도 추가로 채워주지 않는 단점도 있다. 고객층과 행사 형태에 따라 음식의 양을 조절하는 것은 조리사들의 많은 경험으로 충분히 해결된다.

어느 날 즉석 코너에서 떡갈비를 굽고 있었다. 중년 여성이 먹다 남은 떡갈비가 담긴 접시를 조리사 앞으로 내밀고 퉁명스럽게 한마디 한다.

"떡갈비가 단맛이 안 나요! 설탕을 더 넣던지." 나는 하도 어이가 없어 대꾸를 안 했다. 뷔페는 그 특성상 불특정 다수의 사람이 식사하는 장소다.

모든 음식에는 호불호가 있다. 어떤 개인 요구로 그 모든 음식의 맛이 따라갈 수 없다. 그러므로 고객의 60% 이상이 긍정적인 반응을 보이면 성공한 메뉴라 생각한다. 조리사들이 일반인 다수의 고객을 대상으로 하는 뷔페에서는 특정인의 입맛을 맞출 수 없다. 또한 지속적으로 문제가 된 음식에 대해서는 직원들과 재검토를 통해 결정한다. 신메뉴를 출시할 때는 만들어진 음식을 직원들과 시식한다.

타 업장의 음식과 비교해보고 우리 업장에 맞게 만들어지는 과정도 잊지 않는다. 원가, 공정 과정, 인건비, 보존율 등을 평가한다. 최종적으로 결정되면 어떤 조리사가 만들지라도 그 맛을 유지하기 위해 메뉴얼화하여 직원들끼리 공유하게 된다. 상품화된 음식은 고객의 호응을 보면서 계속 내보낼지 판단한다. 모든 메뉴는 이런 과정을 걸쳐 완성한다. 고객 입장에서 음식의 불만과 문제를 표현할 수는 있다. 나 역시 그 점을 공감한다. 그러나 뷔페 음식에 관하여 주관적인 입장에서 어필하는 것은 옳지 않다고 생각한다.

간혹 짬뽕(?) 식으로 식사하시는 고객으로 인해 눈살을 찌푸리게 하는 일이 종종 있다. 식탐인지는 몰라도 다 먹지도 못하면서 음식을 잔뜩 퍼서 접시에 산더미처럼 담는다. 그렇게 뒤섞이게 되면 음식의 고유한 맛을 잃게 된다. 고객들이 식사 후에 남긴 많은 음식이 쓰레기통으로 향하는 걸 볼 때면 씁쓸함을 넘어, 쥐어박고 싶은 생각까지 든다.

어릴 적 밥상머리 교육에서 어른들께 한평생 배워온 '음식을 남기지 말라'는 말씀이 떠오른다. 그때는 음식을 남기는 것을 죄악으로 여겼다.

뷔페 한 끼 식사하는데도 예절이 있다. 보통 넷, 다섯 접시를 사용한다. 대략, 전채 − 주요리 − 후식 순으로 입안에 식욕을 돋게 하는 차가운 음식부터 담는다. 그리고 무거운 음식(요리)을, 마지막 후식으로 마무리한다.

　우리나라에서 한 해에 버려지는 음식물의 쓰레기 처리비용이 줄잡아 20조가 된다고 한다. 많은 처리비용도 문제려니와 음식물 처리 과정에서 발생하는 온실가스 배출로 환경오염의 뾰족한 대안이 없다. 음식점 업소에서 음식물 남기지 않기 운동과 홍보를 한들, 고객은 내 돈 내고 내가 남긴다는 식이니 말이다. 음식물 처리기가 개발되어 가정과 업소에서 사용하고 있다. 하지만 가정이나 음식점에서 철저한 교육과 단속을 하지 못하면 지구는 그야말로 음식물 쓰레기로 오염되어 병들 것이다.

　모두가 책임감을 갖고 음식물 쓰레기와 전쟁을 해야 한다. 그렇지 않으면 우리는 후손들에게 오염된 지구만 남겨줄 것이다.

특별한 고객

당연하게 안 될 줄 알면서도 지배인은 내게 부탁했다. 고객 메뉴에도 없는 〈햄버거 샌드위치〉를 해줄 수 있냐고 주문한 것이다. 오죽하면 부탁하겠느냐?며 간청했다. 바쁜 시간이었지만, 지배인의 얼굴을 봐서 정식 메뉴가 아니었음에도 준비된 재료도 없이 겨우 시늉만 내어 〈햄버거 샌드위치〉를 만들어 줬다.

"지배인, 도대체 어떤 고객님이야?"라고 묻는 질문에 그는 몹시 난감한 듯,

"나이가 좀 드신 어르신인데 예전에도 부탁했지만 거절했었거든요."

지배인의 말에 의하면, 몇 번이나 거절했는데 간곡한 부탁이라서 거절할 수 없었다는 것이다. 부족한 재료로 완벽하지 않은 〈햄버거 샌드위치〉였다. 그런데 남김없이 깔끔이 드신 걸 보면 꽤 드시고 싶으셨는가 보다, 라는 생각이 들었다.

더러 외국인 고객의 입맛에 맞는 〈스테이크 소스〉를 원해서 만들어 줘봤지만, 정식 메뉴 외의 것을 만들어 준 경우가 없었다. 이렇듯 고객 중에는 간혹 메뉴에 없는 음식을 부탁하여 난처할 때가 있다.

내가 요리를 배울 적부터 정해진 메뉴 외에는 안 된다는 불문율을 지켜 왔다. 식재료 준비가 완벽하지 않은 상태에서 고객이 원한다고 해서 부족한 재료로 어설프게 만들다 보면 제대로 된 음식을 만들어 낼 수 없다. 조리사의 이미지에 타격을 입을 수 있는 우려가 생기기 때문이다. 그리고 메뉴얼에 없는 것을 한 번 해주다 보면, 고객이 요구하는 메뉴가 점점 늘어나서 관리하기가 무척 어려워진다.

그러니 쉽지 않은 선택이었건만 어르신께서 맛있게 잘 드셨다고 하니, 어른을 공경하는 마음으로 융통성을 발휘한 내 자신이 뿌듯했다. 젊은 고객들이 좋아할 음식임에도 어르신의 입맛에 맞는 걸 보니, 아마도 오랫동안 외국

생활을 하셨을 거라고 단정 지어버렸다. 그런 인연으로 나는 두 번 더 〈햄버거 샌드위치〉를 해드렸다.

바쁜 연말에 그 어르신께서 감사한 마음이라며 치즈케이크 한판을 지배인을 통해 전해왔다. 남한테 선물을 받는 게 익숙하지 않은 나는, 지배인에게 돌려드리라고 했으나 지배인의 생각은 달랐다.

"어르신이 감사하다고 주신 걸 다시 돌려드리는 건 예의가 아닌 거 같아요."

자칫 나의 짧은 생각과 경솔한 행동으로 어르신께 상처를 드릴 뻔했다고 생각하니, 지배인 말에도 일리가 있었다. 어르신께 인사를 드리는 게 도리일 듯싶어 지배인을 앞세워 나갔다. 중년의 여성 두 분이 앉아계신 곳으로 안내받았다. 테이블 위에 식사를 마친 빈 그릇을 보니, 놀라지 않을 수 없었다. 올백 머리 스타일로 정갈하고 단아하면서 곱게 나이 드신 용모에서 덕德과 품격品格이 갖추어진 분위기를 풍기셨다. 감사하다고 말씀을 올리니 반색하시면서 바쁜 중에도 기꺼이 만들어 줘 오히려 감사하다고 하셨다. 다시 한번 고객 관계라는 게 작은 배려에서 값진 인연이 맺어져 단골 고객이 된다는 사실을 깨닫게 되었다.

알고 보니, 그분은 대전 종합병원 원장의 사모님이시고,

더욱 놀랐던 건 한국화를 그리는 화가였다. 어느 날인가 대전 현대갤러리에서 6회째 개인 작품전시회에 나를 초대해주셨다. 나는 그림에 대한 식견識見이 문외한門外漢이지만, 주로 꽃을 주제로 그린 한국화 그림은 낯설지 않았다. 꽃이 화려하게 보이는 듯하면서도 은은하며 잔잔하게 표현된 한 폭 그림에서도 작가의 인품이 드러나 보였다. 전시된 많은 작품 중 수개월간 작업했다는, '기원'이란 작품은, 개나리꽃이 만발한 가운데 수탉 한 마리와 병아리 다섯 마리가 평화롭게 노니는 배경이었다.

짐작해보니, 다섯 자녀의 출세와 번영을 염원하는 어머니의 기원을 표현한 게 아닐까 싶다. 내면에는 자식 사랑의 숭고함이 녹아 있는 것 같았다. 팸플릿에 소개된 성공한 작가의 그림에 대한 열정이 고스란히 담겨있어 대단함이 느껴졌다. 화가로서 팔순을 넘기셨음에도 꾸준하고 파격적인 작품 활동과 봉사단체장으로도 사회활동을 하시는 모습이 존경스러웠다.

가을의 빛이 예사롭지 않던 어느 날, 그분은 메뉴 홍보용 종이를 내게 건네주었다. 음식사진 옆 빈칸에는 손수 쓴 음식 재료가 꼼꼼하게 메모가 되었다. 정갈하게 담긴 먹음직스러운 음식사진 아래 '장아찌 비빔밥과 능이버섯

잡채'라는 음식 이름을 영문 표기와 함께 '달짝지근한 짱아찌의 상큼함이 더해진 비빔밥과 시원하고 담백한 맛이 일품인 능이버섯으로 만든 잡채로 입 안 가득 퍼지는 맛의 즐거움을 경험해 보시길 바랍니다.'라고 음식에 대한 설명까지 곁들여져 있었다.

제주도에서 휴가 때 먹어보신 이 음식에 대해 과찬을 하시고는,

"최 부장, 나 이거 먹고 싶은데 가능한가요?"라고 물어서 나는 일주일 후에 해 드리겠다고 약속했다. 난 두 가지 메뉴를 한 가지 메뉴로 새롭게 구성하였다. 4가지 장아찌를 싱겁게, 3가지 버섯의 향은 최대한 살리고, 비빔밥을 만들고 비빔장은 내가 개발하여 특화된 짜지 않고 맵지 않은 저나트륨 토마토 장으로 비벼 드시게 음식 준비를 하였다.

맛있게 드신 후 흐뭇한 미소를 지으며 내게 소곤거리듯 "색다른 맛 잘 먹었어요."라고 하시면서 대뜸 비빔밥 그릇이 마음에 들었는지 몇 개만 구해 달라고 하셨다. 나는 돌아가신 어머니 생각이 나서 기꺼이 청請을 들어주었다. 어르신께서도 올해가 지나면 구순이 되신다. 지금처럼 총기聰氣를 잃지 않으신다면 행복한 삶으로 백수를 기대할 수 있으리라 믿는다.

오늘은 어르신이 뷔페 예약을 하신 날이라, 좋아하시는 육회를 싱싱하고 맛나게 준비해둬야겠다.

_ 2020년 수필춘추 여름호

수박이 맛내는 예술

김치 냄새 나지 않는 김치! 소음 없이 청소하는 청소기! 오징어 먹물로 부작용 없는 천연 염색약!

아내는 가끔 나를 무슨 대단한 발명가인 듯 착각을 하고, 이거저거 만들어 보면 어떠냐고 제안했다. 어느 여름날에 아내는 수박을 먹다가 버릇처럼 또 과제를 툭 던졌다.

"수박으로 맛나는 음식을 만들 수 있어요?" 아내는 시답지 않게 고개를 끄덕거린 나를 보며 시큰둥하였지만, 나는 내심 점점 흥분되지 않을 수 없었다.

사실 그녀가 말하는 순간, 나의 동공瞳孔이 놀라며, 뭔가가 번쩍 뇌리를 스쳤다. 그래! 바로 이거야. 여름의 대표 과

일과 음식의 만남을 생각만 해도 멋진 궁합으로 나올 것 같았다. 그리하여 나는 또 모험 아닌 숙제에 달려들었다. 냉면과 수박이 만난 '수박냉면'이라는 음식 이름을 지었고, 개발하기 시작하였다.

머릿속에 그려진 재료를 준비하여 수박의 즙을 내고 반죽하여 면발을 만들었다. 육수는 수박껍질에 닭뼈를 넣고 삶아 양념하고 수박즙을 첨가하여 육수를 만들어 얼리는 것으로 대략 큰 그림을 그렸다.

소량의 반죽으로 1차 면발부터 시식하였다. 면의 질감은 우선 냉면으로서 훌륭했다. 2차로 본격적인 대량생산을 위해 공장 섭외가 문제였다. 소량 반죽을 해주지 않을 것이며 기존의 면발이 아닌, 생소하게 개발한 면발이라 공장에서 꺼리지 않을까? 하는 생각을 하면서 몇 군데 의뢰해보았다. 역시 우려한 대로 공장주들은 시큰둥하였다.

그러나 나도 오기가 발동했다. 수소문하여 겨우 청주에 있는 공장에서 승낙을 얻었지만, 최소한 반죽이 40kg 이상 되어야 기계가 작동한다고 알려주었다. 별다른 방법은 없었다. 다음날 수박 물과 양념 재료를 챙겨 공장장에게 전해주었다. 그런데, 아뿔싸! 완성되었다는 면발 4상자를 열어보니, 내가 기대하던 분홍색 면발이 아닌 누런 면발이어서 낭패였다. 그래서 나는 현장을 직접 보고자, 수박 물과 양념을 다시 만들어 공장으로 향했다. 반죽하는 소리가 우렁차게 들리더니 면발이 나오는 노즐을 뚫어지게 바라보는데, 아, 이런! 처음 것과 똑같은 면발 색으로 나오자, 나도 모르게 한탄과 한숨이 터져 나왔다. 공장장에게 내가 준 원재료 말고, 공장에서 반죽한 재료를 알려달라고 했더니, 그는 난처한 얼굴을 지었다. 나도 공장장 입장을 모르는 건 아니지만, 애걸하다시피 사정하였다.

나의 간절함이 통하였는지,

"면발의 탄력을 위해 소다를 넣은 것뿐인데요." 나는 미처 생각지 못하고 놓친 것에 대한 정확한 답을 얻어냈다. 두 번에 걸쳐 생산된 불량 냉면을 여러 지인에게 다 나누어 줬더니, 한술 더 떠 불량 면은 언제든지 처리해 주겠다는 농담을 위로라고 하는 것이었다.

가내수공업家內手工業 정도의 소규모 공장을 다시 알아봐야 할 것 같았다. 다행히 식품을 납품하는 친구의 소개로 내가 원하던 소규모 공장을 찾았다. 대표님 인상이 호의적이어서 처음 냉면 공장의 잘못된 면에 대하여 설명하면서 '소다'는 절대로 넣지 말 것을 당부했다. 드디어 반죽 기계에 밀가루, 전분. 수박 물 등 재료를 넣자, 빠르게 돌면서 한데 뒤엉키더니 서서히 진한 분홍빛을 내는 것이다. 짙은 색 분홍 면발이 노즐구멍으로 통과하면서 연분홍색 면발로 뽑혀 나왔다. (*노즐의 열 온도가 90도 이상이어서 익어 나온 면발의 색이 선명해진다) 그렇게도 원하던 수박 면발을 성공한 셈이다. 한 해는 면발 만드는데 진력하고 두 해에 걸쳐 수박 육수 만드는 일에 긴 시간을 보내야 했다.

  수박의 맛인 당도가 핵심 과제이다 보니, 어떤 품종의 수박을 쓸지 고민이 많았다. 박과科의 채소니가 당도가 약하면 비린 맛에 쉽게 부패되는 단점이 있어 가공할 때와 보관에 신경을 써야 했다. 당도는 10브릭스(*brix) 이상 된 수박을 선정하여 육수를 만드는데 사용하니 육수의 맛이 적당했다. 수박은 씨가 많으므로 육즙을 내기가 쉽지 않았다. 물론, 씨 없는 수박도 써 봤지만, 가격과 맛이 육수용으로 적합하지 않았다. 수박즙을 짜내는 기계는 탈수기의 원리가 원용된 대형기계로 주문의뢰 제작하였다.

  수박을 제철에, 그나마 원하는 당도로 맛을 내다보니 연구 기간이 길어졌다. 이렇게 성공된 면발과 육수를 특허로 등록하였다. 여름 특선 단품 메뉴로 호텔 식당에서 판매하게 되었다.

  수박냉면을 맛있게 먹은 고객이 인스타에 올린 후기를

본 KBS VJ 특공대 제작팀이 촬영을 제안해서 흔쾌히 승낙하였다. 그해 여름 특선 "여름철 이색음식을 찾아서"가 방영되었다. 다음 날에는 당시 인기 프로인 SBS의 '스타킹'에 초청되어 서울의 SBS 공개홀에서 촬영하였다. 수박 냉면에 관한 방송이 전국에 방영되자, 수박 냉면을 맛보고자 하는 사람들의 문의 전화가 빗발쳤고 서울, 광주, 전국 먼 곳에서도 와주셨다. 방송의 힘이 위대함을 새삼 느꼈다.

지금도 여름철만 되면 우리 호텔에서 여름 특선 메뉴로 인기가 있다. 삶은 수박 면발을 그릇에 가지런히 똬리 틀어 그릇에 담아 올려놓고 고명으로 잘 익은 수박과 분홍빛 육수를 부어 말아 먹으면 시원함에 시린 통증이 짜르르 올라온다.

또, 무료 급식 행사에 수박냉면이 단골 메뉴로 어려운 이웃들의 여름나기 입맛을 돋우어 주었다. 앞으로 많은 어려운 이웃에게 상큼한 맛을 주고 시원한 입맛으로 온 나라에 퍼져나가 더위를 몰아내길 바란다.

*브릭스(brix) 당도 단위

소금이 맛을 잃으면 어찌하리

냉장 시설이 없던 오래전에는 식자재 저장법으로 건조(나물류), 발효(장류), 절임(생선) 등으로 장기간 보관하였다. 음식을 소금으로 절여 저장해 두는 염장법은 생선, 육류, 버섯류와 함께 광범위하게 사용되어왔다. 그러나 오래 보관하려는 염장법을 잘못 사용하면 낭패를 볼 수가 있다.

90년대 초 서울 R 호텔에서 근무할 적에 가을 코스메뉴로 프랑스의 대표 수프인 콘소메 수프*에는 송이버섯이 가을 식재료 중 으뜸이다. 강원도산 자연 송이버섯을 넣어 끓인 〈자연 송이 콘소메 수프〉는 가을철이면 단골 메뉴로 꼭 나갔었다.

  대략 다진 소고기에 다진 양파, 당근, 셀러리, 달걀, 와인, 소금, 후추, 향신료를 넣고 골고루 섞은 후 육수를 넣고 약한 불에 10시간 끓인 후 고은 채에 거른다. 완성된 수프는 수프 그릇에 담아 싱싱한 자연 송이버섯 3~4쪽 썰어 넣고 푀이타주*로 뚜껑을 덮어 아가리 부분을 촘촘히 붙인 후 오븐에 굽는다. 끓어오르는 열에 의해 푀이타주 반죽이 돔 모양으로 부풀어지고 겉에는 먹기 좋게 갈색이 나면 완성된 것이다. 스푼으로 돔을 터뜨리면 수증기를 타고 은은한 자연 송이버섯 향이 후각을 자극시켜 뇌로부터 혀를 유혹한다. 한 스푼 입에 닿는 순간 진한 고기 육수에 자연 송이가 어우러지는 하모니야말로 천하일미라 할 수 있다. 내가 주방장이 된 후 그 맛을 잊지 못해 가을만 되면 나는 뷔페 메뉴에 꼭 그 수프를 고객에게 선보였다.

  내가 지방의 호텔로 자리를 옮겼을 때 일이다. 고가인 송이버섯을 염장鹽藏하는 황당한 상황을 보고 많이 당황한 적이 있다. 소금은 살균작용과 보존성이 탁월하다. 식재료를 소금에 절이는 염장법은 우리 선조들이 많이 사용하여 지금까지 내려왔다. 그러나 송이버섯 염장법에는 득보다는 실이 많다. 염기를 빼는 삼투압 작용으로 인하여 식감이 질겨지고 향이 사라지므로 송이버섯 고유의 맛과 향을 잃어버린다. 귀하고 고가인 자연 송이는 맛도 맛이지만, 송이 향을 최대한 보존하려면 차라리 급속 냉동시켜 다음에 사용하는 것이 좋다. 최대한의 송이버섯 맛과 향을 보존하는 방법이다.

 소금이 지닌 효능 중 지혈과 소독 작용이 있다. 옛 어른들께서 양치질하실 때 소금으로 하는 걸 보면 알 수 있듯 소독 작용도 탁월하다. 옛날에는 유치乳齒를 뽑고 나서 연하게 탄 소금물로 입 안을 헹궈 지혈하기도 했다. 소금은 나의 1호 조리사 자격증을 따는데 도움이 되었다. 초보 조리사 시절인지라 어설픈 칼질로 상처를 입은 적이 있는데 선배 조리사가 소금으로 마사지하면 지혈이 된다고 하였다. 그러나 생각만 해도 쓰라릴 고통에 얼굴까지 찌푸려지고 결국 실행에 옮기지는 못했다. 그 후 얼마 지나지 않아서 나는 실전에 제대로 써 톡톡히 효과를 보았다. 조리사 실기 시험 중 칼에 집게손가락을 베었다. 요즘은 대일밴드 사용이 허용됐지만 그 시절에는 시험 중 칼에 베이면 무조건 자동 탈락이었다. 순간 선배의 생각이 번쩍 났고 지체하지 않고 소금으로 마사지하여 지혈했다. 쓰라린 통증은 엄청난 고문이었지만, 고통을 잊고 시험에 집중하였기에 귀중한 자격증을 취득할 수 있었다.

한방韓方에서 감초이면 요리에서는 소금이다. 감초는 다른 약초와 만나 중화작용中和作用으로 다른 약초의 효능을 극대화해주듯이 소금은 요리에 있어서 감초와 같다고 보면 될 것이다. 나는 모든 요리에 적절한 양의 소금을 넣어준다. 호박죽을 끓이거나 수정과를 끓일 때도, 약간의 소금을 넣으면 맛의 대비효과에 의해 한층 더 단맛이 난다.

또 짠맛이 너무 강할 때는 약간의 식초를 넣으면 짠맛이 감소하는데 식초의 초醋 성분이 소금의 나트륨을 둘러쌓아 짠 미각을 방해하는 억제 효과 때문이다.

소금은 생선의 부패를 막아주는 천연방부제와 비린내를 감소시키는 역할을 하면서 생선 살을 단단하게 한다. 나무 도마를 사용하던 시절에 영업이 끝나면 주방장은 도마의 살균을 위해 꼭 도마 위에 굵은 소금을 뿌려놓도록 지시했다. 국수를 만들 때 밀가루 반죽에 약간의 소금은 점성粘性을 높여 주며 면발을 살린다. 그리하여 소금은 짠맛을 내는 것에 끝나지 않고 음식 전체를 아우르는 역할을 한다.

'간이 심심해'라고 하는 말은 소금의 역할을 의미하는 뜻이다. 소금은 모든 음식의 맛을 내는데 절대적 존재다. 무조건 건강에 악영향을 준다는 인식이 오래전부터 돼 있다. 어쨌든 소금은 필수 영양소이자, 우리 몸을 구성하는 중요한 역할을 한다. 속담에 '소금은 12가지 음식을 만든다'라고 한다. 모든 요리 서적 조리법 맨 나중에는 꼭 약간의 소금을 첨가하는 대목이 있듯이, 소금과 음식은 불가분의 관계를 입증해주는 대목이다. 이렇듯 세상에 소금은 빛과 같은 소중한 존재이다. 소금은 귀한 식재료임에도 그 값어치는 인정받지 못했다. 허나, 요즘 매스컴에서 일본의 오염수로 인해 소금의 품귀현상이 이어지면서 '소금 대란'이 예고된다. 우리들 밥상에까지 요동치지 않을까 걱정스럽다.

*콘소메 수프 : 맑은 고기국물의 수프일종
*푀이타주 : 밀가루, 물, 소금으로 반죽하여 밀대로 펴서 버터를 넣고 다시 밀대로 밀고 같은 방법으로 밀고, 접고를 반복 한다

채소

    60~70년대 어느 가정이나 넉넉지 않은 형편에서 고기는 언감생심이었다. 늘 된장, 간장, 고추장, 푸성귀 밥상이었다. 끼니를 푸성귀에 간장이나 고추장으로 주로 비벼 먹었었다. 둘째 누이는 항상 고추장으로 끼니를 해결하는 날이 많았다. 그래서 어머니께서 누이를 고추장 벌레라고 불렀다.

  고추 농사가 흉작이던 어느 해인가 부쩍 어머니의 구박이 심하였다. 그럴지언정 누이는 '굳세어라 고추장'에 애착을 떨치질 못했다. 초등학교 고학년 때 점심 도시락 반찬으로 누이 따라 나도 종종 고추장을 싸갔다. 푸릇푸릇한

풋성귀 한 움큼 넣어 빨갛게 물들어진 꽁보리밥을 먹다 보면, 입 안이 얼얼하여 이마의 땀방울을 훔치며 먹던 그 맛을 잊을 수가 없다.

나이가 든 요즘도 고추장 향수에 간혹, 풋성귀를 넣어 비벼 먹곤 하지만 나의 입맛이 옛 맛을 찾지 못하는 건 왜일까? 끼니마다 우리 밥상엔 채소가 등장하는 건 우리들의 밥상에서 잘 알 수 있다. 예나 지금이나 채소는 우리 식생활에 주도적 역할을 했기 때문이다.

채소를 분류하는 데는 여러 기준이 있다. 식물의 잎으로 채소 중 가장 많이 먹는 상추, 시금치, 쑥갓, 깻잎 등이 우리 쌈 문화를 발전시킨 엽채류가 있다. 식물의 줄기를 주로 먹는 마늘종, 머윗대, 고사리, 어린 죽순 등의 경채류를 비롯하여 뿌리를 주로 먹는 무, 당근, 도라지, 우엉 등이 있다. 구황식품의 대표적인 감자, 고구마는 뿌리가 비대한 덩이뿌리류이다.

모든 채소는 각 부위 별에 따라 조리법이 다르게 음식 구실을 한다. 원래 야생에서 자란 풀들이 인간들의 시행착오를 겪으면서 입맛에 맞게 개량하여 재배되는 기술로 지금은 사시사철 우리 밥상에 오르고 있다.

한때 경제성장과 더불어 우리의 식탁 문화에 최고의 밥

상으로 귀한 손님이 오거나 잔치에는 빠지지 않고 고기 음식이 올라왔었다. 그러던 것이 이제는 되려 동물보호니, 환경오염이니 건강상 이유를 들어 지구촌 사람들은 날이 갈수록 채식주의자가 늘어나고 있다. 채소는 인류의 먹거리에서 지대한 관심에 다양한 조리법 메뉴가 개발되고 다양한 제품으로 생산되었다. 그 덕에 채식주의자뿐만 아니라 누구나 쉽게 맛볼 수 있는 음식 재료이다. 요즘은 건강을 생각해 친환경 유기농 채소를 찾는다. 고기보다 오히려 더 값비싼 채소들을 많은 사람이 먹는다. 생것은 생것대로 아삭한 식감에 고유의 맛에 즐겁고, 끓는 물에 데쳐서 무쳐 먹는 나물은 양념과의 조합으로 새로운 맛을 추구한다. 때론 메인 요리에 부재료로도 훌륭한 보조 역할을 한다.

우리나라 채소 조리법으로 나물류와 저장류가 있다. 그중 부유하든 가난하든 상관없이 식탁에 빠짐없이 오르는 배추김치는, 우리의 긍지이며 채소 중 최고이다. 세계 여러 나라의 어느 채소 음식 중에도 뒤처지지 않고 호평받은 채소 음식이다.

나는 글로벌시대에 맞춰 세계적인 음식으로 만들고자 했다. 짜지 않으면서 서양인의 입맛에 맞게 토마토를 넣어 양념한 김치를 만들어 보려고 노력했다. 2년여의 연구 끝에 2013년 4월 22일 토마토김치를 특허등록하게 되었다. 언젠가는 토마토 김치가 전 세계적인 채소 음식으로 주목받고 국위 선양할 날만 기다린다.

백마의 기상

　　선린상고 시절 그는 '야구천재'라는 수식어가 붙은 화려한 선수였다. 프로 스포츠계 출신 최초로 대학교 총장이 된 박노준은 선수 시절 시간이 날 때마다 늘 책을 옆에 두고 독서 생활을 했다고 한다. 또한 운동하는 사람들은 공부를 안 한다는 고정관념을 깨고 싶어 그가 대학 진학 시에도 체육학과를 선택하지 않은 이유였다고 한다.

　　요즘은 조리사를 선호하는 젊은이가 많다. 예전의 선배 조리사 대부분은 어려웠던 시대와 맞물려 그저 배고픔에 탈출하려고 희망도 없이 선택했던 단순한 직업이었다. 오죽하면 사람들이 신분적으로 낮춰보는 백정白丁이라는 말까지 심심치 않게 들었을까.

38년 전만 해도 대학에서 조리과는 생소한 학과였다. 86 아시안게임과 88올림픽이라는 국제적 행사를 치르면서 하나, 둘 조리과가 생기더니 근래에는 웬만한 전문대학교에 조리과가 있을 정도이다. 내가 요리를 시작할 무렵에는 건축, 공업, 상업계통이 대세였다. 그러나 경제성장과 사회흐름에 따라 이제는 고등학교에까지 조리과가 생겨나기 시작한 것이다.

나의 선배 중에 주경야독으로 열심히 공부했던 분들은 현장경험을 살려 대학의 교수로 이직한 분들도 많이 계신다. 자연스레 나름대로 자신만의 계획을 차근차근 정립한 후배 중 호텔 경력을 쌓아서 교수나 교사로 이직하는 경우도 많아졌다. 간혹 공부하면서 선배나 동료들의 시기와 질투로 말 못 할 눈치와 마음고생을 했던 동료들을 더러 보아왔다. 그래서 나는 공부하고자 하는 후배들에게는 최대한 근무 스케줄을 조정하여 공부할 수 있도록 배려를 해줬다.

그중에 기억에 남는 후배가 있다. 재완이는 정규대학을 졸업하고 초보 조리사로 입사하였다. 그 무렵에 정규대학

졸업자는 손으로 꼽을 정도로 몇 안 되는 보기 드문 케이스였다.

"넌, 뭐 땜에 요리를 하려고 하나?"라는, 내 물음에 그는 당돌할 정도로 확신에 찬 표정으로 대답했다.

"호텔총지배인이 제 꿈입니다."

"그럼, 영업부에서 근무해야지?"

"총지배인이 되려면 음식에 관한 현장 지식을 배워야 할 것 같아서요."

물론 일리가 있는 말이다. 그는 근무 중에도 궁금하면 내게 자주 질문을 하곤 했다. 나는 내가 아는 지식은 알려주되 내가 모르면 분명히 모른다고 인정했다. 또한 내가 모르는 것들은 선배나 서적을 찾아 공부해서라도 문제를 해결해주곤 했다.

더러 후배들이 질문하여 자신이 잘 모르는 경우에 '지금 알 단계가 아니고 하는 일이나 똑바로 하라'며 오히려 면박까지 주는 선배들도 있었다. 그러면 선후배 간에 신뢰가 무너지고 두 번 다시는 질문을 하지 않게 된다.

그는 자연스레 자주 나에게 물어왔고 덕분에 나도 모르는 걸 공부하여 배우게 되었다. 함께 새벽 근무 시에는 기초적인 조리법도 알려주고 빠른 기술 습득을 위해 업무 역할도 바꿔 했다. 식자재 수령, 설거지 등 잡일은 내가 맡고 요리를 그에게 맡겼다. 우리는 퇴근 후에 소주잔을 기울이며 요리뿐 아니라 장래 진로에 대해서도 많은 대화를 가졌다. 될성부른 나무는 떡잎부터 알아본다더니 힘들게 공부하던 그는 박사학위까지 취득하였다. 지금은 그가 바라던 호텔 총지배인이 아닌, 후학을 가르치는 대학교수가 되었다. 지금도 30년 지기의 막역한 사이로 안부를 묻고 지낸다.

요즘의 조리사들은 내가 입문했던 그 시절처럼 1~2년간 소위 말하는 바닥 생활(설거지) 없이 바로 칼을 잡는다. 요리의 분업화가 되었기 때문에 기능적으로도 배우기가 조금은 수월하다. 요리에도 여러 분야로 나뉘어져 있다. 각기 다른 자기만의 스타일을 가져 똑같이 반복된 자기 훈련으로 자신의 성향에 맞게 기본기를 확실히 다지며 적성에 맞는지 선택해야 한다.

조리사란 직업은 전문직이다. 학창 시절부터 차근차근 준비하지 않으면 호텔조리사로 성장하는 건 매우 어려울 것이다. 성급하게 눈앞의 결과보다는 기본기를 다져 올라설 수 있도록 체계적으로 배워야 한다. 설령 호텔조리사가 된다 할지라도 지속적으로 연구하며 공부하지 않으면, 결코 자리가 보장되지 않는다. 포기하고 싶은 날들을 버텨내고, 치열한 경쟁 속에서 결국은 자기 자신과의 싸움을 이겨내야 한다. 그렇게 기능 성장을 거듭하면 분명 최고봉에 오르는 힘이 생긴다.

성공과 명예를 쫓기에 급급하기보다는, 일을 즐기고 의문점을 하나, 둘 풀어가다 보면 어느새 성공과 명예가 기다리고 있을 것이다. 어떤 직업이나 직종이든 권태기는 찾아오게 마련이다. 나는 38년 세월이 흘렀어도 좋아하는 요리에 권태를 느끼지 않고 현직에서 일을 할 수 있음을 늘 감사하며 일했다.

백의천사라는 간호사가 있다면, 역동적이며 영리한 집단을 뜻하는 백마부대의 조리사가 있다고 선배님이 늘 말씀하시곤 하셨다. 나는 하얀 유니폼을 입었을 때 비로소 나의 정체성이 발동하여 힘이 우뚝 솟는다. 그러고 보면 나는 천생天生 조리사이다.

미래의 먹거리

나락이 누렇게 익어가고 있다. 벼 모가지가 고개 수그릴 무렵, 가을 들판은 메뚜기들의 천국이 된다. 어렸을 적 생각이 기억을 부른다. 벼 이삭 사이를 이리저리 폴짝폴짝 뛰어다니는 메뚜기를 잡는 데는 도구가 그다지 필요 없다. 맨손만으로도 훌륭한 도구가 된다. 잡은 메뚜기들의 대가리와 등짝 사이로, 볏줄기를 끼워 주렁주렁 매달았다. 집으로 가져가면 어머니는 프라이팬에 참기름을 두르고 볶아주셨다. 그 고소한 맛은 어려운 시절에 아이들의 보양식 간식거리로 아주 훌륭했다.

또 다른 간식거리로는 누에 번데기도 있었다. 물에 2~3

번 씻어 약간의 소금을 넣고 자박자박 다독여 약불로 은근히 끓였다. 번데기에서 우러나오는 고소한 육즙은 영양 만점의 고단백 건강 먹거리였다. 이렇게 메뚜기와 누에 번데기는 먹거리가 귀했던 옛날부터 단백질 식품 원료로 이용한 곤충의 대표적인 식재료였다.

10여 년 전의 일이다. 감자탕을 끓이다가 진하고 고소한 맛을 내기 위해 번데기 가루를 넣어 끓여 본 적이 있었다. 그때 국물의 진한 맛에 매료되어 라면 스프처럼 만들어 탕을 끓이는데 가끔씩 사용했다. 새우깡 맛의 갈색거저리라는 곤충이, 곤충요리의 다양한 맛을 낼 수 있는 대표적인 식재료라는 걸 알게 되었다. 그래서 메뚜기나 번데기보다 갈색거저리 요리법 블루오션에 심취하여 연구에 빠져들었다.

곤충협회의 행사에서 우연히 만난 분이 동반자가 되었다. 대전 근교에서 작은 규모로 곤충농장을 하고 있던 그의 도움으로 갈색거저리 재료의 수급 문제를 해결한 것이다. 요리의 필수적인 갈색거저리 가루와 기름을 지속적으로 지원받아 150여 가지의 요리법을 개발할 수 있었다. 또한 대외홍보활동으로 시식 행사에도 꾸준히 참여했다.

특히 2019년 지자체가 주관하는 '대전 음식문화 한마당' 행사에서 음식 시식코너가 만들어졌다. 나는 곤충요리 시식

코너를 운영했는데, 30여 종류의 다양한 음식 코너 중에서도 많은 시민의 호기심과 관심을 불러 일으켰다.

이것을 시발점으로 농촌진흥청 곤충산업 과에서도 연락이 왔다. 나의 곤충요리에 대하여 2019년 11월 17일자 경향신문의 '사람과 사람' 지면으로 더욱 알려지는 계기가 되었다. 호기심에서 시작된 나의 곤충요리가 새로운 전환점이 된 것이다. 이어서 다시금 갈색거저리 요리에 대한 시식 행사 요청이 들어왔다.

그로부터 한 달이 지난 12월 16일은 잊을 수 없는 날이다. 세계은행에서 아프리카 지역의 기아 해결 프로젝트를 이끄는 전문가들이 방한하였다. 농업경제학자 '도르테버너'와 식용곤충 분야의 '아프톤할로림' 박사 일행이었다. 그들은 나를 찾아왔다. 그래서 나는 갈색거저리를 이용한 5코스 요리를 선보였다. 즉 새우에 끼운 갈색거저리 치즈와 감귤소스, 갈색거저리 브로콜리 크림스프, 갈색거저리 요거트 드레싱 채소 샐러드, 갈색거저리 빈페티와 갈색거저리 오징어먹물 파스타, 갈색거저리 마시멜로 갈색거저리 튀일 갈색거저리 탄산수 등이다.

시식 행사를 치르면서 갈색거저리 음식에 대한 많은 호기심을 풀어주자 모두가 "엑설런트"와 "굿"을 외치며 엄지

척하였다. 그리고 내게 곤충요리를 언제부터 만들었는지, 시작한 이유, 앞으로의 계획, 재료의 구입 방법, 시식한 조리법에 대한 궁금증 등 많은 질문을 번갈아가며 쏟아냈다. 통역관을 통해 차례차례 설명해주니 모두가 흡족해했다. 그들은 우리나라의 곤충산업 현장도 시찰했다고 한다. 대량으로 생산, 가공, 유통 시킬 수 있는 한국곤충산업에 놀라움과 기대감을 갖고 긍정적인 전망으로 한국방문을 잘 마치고 돌아갔다고 한다.

FAO(유엔식량농업기구) 보고서에 따르면, 앞으로 인류의 급격한 기후 변화와 환경 변화 속에서 식량난을 이겨낼 수 있는 건 오직 곤충뿐이라고 한다. 이는 앞으로 인류를 먹여 살릴 수 있는 유일한 식량자원이라 할 것이다. 이대로 간다면, 2050년에 이르러 세계 인구는 약 90억 명만 남을 것이라 한다. 동물성 단백질을 얻기 위해서는 1,000억 마리 이상의 가축이 필요하다. 그렇지만 사육으로 인한 지구온난화, 물 부족, 환경오염 등 부작용으로 지구가 병들어가고 있음을 알 수 있듯이 친환경 식량인 곤충 사업을 활성화해야 한다.

곤충은 그동안의 혐오감과 편견 때문에 빈곤국에서나 먹는 것으로 취급받았다. 그러나 이제는 사람들의 입맛에 맞게 개발하여 거부감을 뛰어넘기까지는 얼마 남지 않은 듯하다. 현재에도 20억 인구가 먹을거리로 상용하고 있다.

훗날 인류는 식량자원의 위기가 닥칠 것이 자명하다. 미래에는 친환경적이고 영양 가치가 높은 곤충이 대체 식량자원이라는 성경 말씀도 있다. 레위기 11장 22절에는, '곧 그중에 메뚜기 종류와 베짱이 종류와 귀뚜라미 종류와 팥중이 종류는 너희가 먹으려니와…'

그러므로 이제는 정부가 곤충을 맛있는 식품으로 연구 개발 지원하고, 국민을 대상으로 곤충에 대한 인식을 일대 전환해야 할 것이다.

열정과 도전

월드컵 경기장 주차장에 도착했다. 아직은 늦가을 아침의 싸늘함이 느껴지지 않고 뿌연 안개가 자욱이 깔렸다. 도로에는 이른 시간임에도 알록달록 각양각색 관광버스 여러 대가 줄을 지어서 있었다. 대부분 등산객 차림의 중년들이 왁자지껄하며 무리를 지어 다녔다. 주차할 만한 곳이 마땅치 않아서 주차장을 두어 바퀴나 돌았을 때였다. 멀리서 누군가가 나를 향하여 손짓했다. 후배 회원은 내 차를 발견하고는 주차할 곳을 알려주었다. 알고 보니, 그 시간 이곳의 주차난이 얼마나 심각한지를 나만 몰랐다.

그러고 보니, 후배가 말해주지 않았더라도 주말이면 이곳이 얼마나 북새통인지 알 것 같았다. 종이상자를 무겁게 2인 1조로 들고 사람들과 자기가 타야 할 버스 찾기로 시끌벅적했다. 버스 창마다 안내 전광판들이 수시로 깜박거리며 승객을 유도했다. 탑승객들을 다 태운 버스가 떠나자 다른 버스가 금방 자리를 채웠다.

약속 시간이 되자 하나, 둘 일행이 모였다. 우리가 타고 갈 버스의 전광판에 '대전조리사협회'라고 깜박거리며 들어왔다. 버스에 오르자 승객들에게 떡과 음료를 나눠주었다. 먼저 온 일행 일부는 좌석에 앉아 담소를 나누고 있었다. 회원뿐 아니라, 유통업 대표, 조리과 학생, 덩달아 회원 가족까지 오니 마치 소풍 가는 기분인지 화기애애한 분위기였다.

나는 비어있는 맨 뒤에 자리를 잡았다. 출발시간이 임박하자 좌석이 많이 채워졌다. 행정부회장은 인원 점호로 아직 도착하지 않은 회원에게 일일이 확인 전화를 했다. 동행할 인원이 모두 채워지자 협회의 든든한 버팀목인 박병식 지회장께서 일정 소개와 상견례를 마쳤다.

자, 이제는 출발! 버스가 달리는 고속도로 옆으로 알 듯 말 듯 한 꽃들은 감히 흉내 낼 수 없는 아름다움으로 채

색된 채 자태를 드러내고 있었다. 저마다의 향기를 담고 살랑 바람에 너울거리며 손짓했다. 족히 한 시간을 달린 버스는 안성 개찰구를 지나 도심을 서행하여 벗어나자 좁은 논둑 길을 아슬아슬하게 곡예 운전을 했다. 추수가 끝난 논에는 비닐로 싸서 볏짚을 모아 하얗고 둥글게 말아 만든 '곤포사일리지'가 여기저기 널려있었다. 벼농사를 끝낸 전형적인 시골의 운치였다.

우리가 도착한 곳은 안성시 일죽면에 있는 '파크엘림' 건물로 산 끝자락의 넓게 포장된 주차장이었다. 노송 가지 사이로 엷게 비친 가을빛에 최수근 선배의 얼굴이 환하게 보였다. 프랑스 '르 꼬르동 블루'학교 유학파이며 신라호텔과 경희대 교수로 근무하신 터였다. 이곳의 박물관장으로 계셨다. 나와는 30년 전에 프랑스 요리 페스티벌을 함께 한 인연이 있었다. 다양한 휴식 공간으로 야외공연장, 수영장, 펜션, 카페, 캠핑 숲, 잔디공원이 있는 테마 공원이다. 부드러운 잔디 길을 따라가 보니 건물 4개 동이 보였다. 바로 우리나라 최초의 한국 조리박물관(MOCA)이었다. 'M'자 모형의 붉은벽돌로 지어진 서양식건물 두 동이 유독 눈에 뜨였다.

최 선배님의 안내를 받아 세미나실에 들어갔다. 먼저 박물관설립 동기와 간략한 설명을 했다. 약 370평 규모로 제1 전시관, 제2 전시관, 세미나실, 요리체험관 등 4개 동으로 이뤄져 있다고 했다. 그가 유학했던 시절 '에스코피에 기념박물관', 미국의 '존슨 앤 웨일즈대학교 박물관'을 방문했을 때 체계적으로 기록되고 정리된 조리박물관이 있다는 게 너무 부러웠다는 것이다. 박물관을 통해 조리인에게 자긍심을 심어주고, 과거와 현재의 조리시설을 갖추어 조리인에게 외식산업의 발전을 보여주는 게 그의 바람이라고 했다. 그래서 유학 생활을 마치고 1984년부터 차근차근 자료를 수집하고 본격적으로 2015년 구체적인 박물관 건립을 추진했단다. '한국 주방기구' 이향천 대표이사의 적극적인 도움과 전·현직 원로 조리인 46명의 자문위원의 의견을 바탕으로 설립했다.

박물관을 차례로 둘러보았다. 모두가 호기심 있는 눈초리로 안내자의 설명에 경청했다.

1895년부터 2000년까지 국내의 서양요리 역사의 발전사를 시기별, 주제별, 인물 별로 살펴볼 수 있도록 체계적으로 구성하였으며, 서양요리 1세대, 2세대 원로 조리인들과 손때 묻은 자료와 평생을 함께한 한 분 한 분의 애장품인 소중한 조리도구를 기부받아 전시했다. 한국의 조리 발전에 기여한 조리인들의 삶의 흔적도 엿볼 수 있는 전시 공간도 마련되었다.

그뿐만 아니라, 나무로 제작된 냉장고와 조선에 한성전기가 들어온 1887년경 일본에서 구입한 제품으로 추정되는 석탄 오븐도 있었다. 도자기 무늬와 그림이 그려진 서양의 예술적 감각이 묻어있어 투박하지 않고 세련된 모양이었다. 그 오븐은 1960년대까지 우리나라의 고급 레스토랑 주방에서 사용하였다고 한다.

또한 서양요리 대부인 '에스코피'가 저술한 조리 기본서(원본), 19세기 독일에서 사용한 금색을 띤 저울, 도자기 수프 터린*은 팔각 테두리 금장에 화려한 꽃무늬로 현대의 미적 감각에도 전혀 뒤지지 않는 경이로움이 보였다.

2,000여 권의 조리 관련 도서와 1,000여 권의 논문이 전시된 곳에서는 최 선배님이 저술한 1988년판 『소스 이론과 실체』가 있었는데 이 책은 나도 소장하고 있다. 그 시대에 서양요리를 했던 조리인 에게는 서양요리의 기본 지침서가 됐던 기억이 났다. 과거에서 현재의 조리도구와 역사, 조리 고서적, 향신료, 조리 문화와 역사를 알리는 박물관 곳곳을 돌아보며 내가 미처 알지 못한 자료가 흥미로웠다. 그는 말하기를, 조리를 직접 배울 수 있는 공간에는 요리에

관심이 많은 예비 조리사를 위한 다양한 프로그램도 운영할 계획이라고 덧붙였다.

특별 전시에는 역대 대통령들이 좋아하셨던 음식에 관한 이야기 그림과, 사용하던 그릇들이 전시되어 있었다. 시대에 따른 디자인과 투박함이 많은 변화가 느껴졌다. 일일이 열거하기에도 부족한 방대한 자료들이 박물관을 통해 많은 조리인들의 자부심과 위상을 높여주었다. 소중한 문화유산인 '한국조리박물관'은 백오십만 조리인의 자산이자, 국가의 보물이므로 영구히 보존해 나가야 할 것 같았다. 설립에 참여한 모든 조리인에게 깊은 감동과 감사함을 느꼈던 하루였다.

박물관의 관람 일정을 마쳤다. 선배님께서 주차장까지 내려와 배웅하며 최근에 집필하신 책 한 권을 선물로 주셨다. 모두가 버스에 올라 감사함을 손 인사하자 버스가 출발하였다. 귀가하는 버스 안에서 나는 선배님이 주신 『주방 도구의 비밀』을 읽었다.

요즘, 요리에 대한 콘텐츠들이 각종 TV 프로그램과 많은 미디어에 등장하고 있다. 인터넷 검색어 순위에도 시청자들의 큰 호응으로 자리를 잡았다. 덕분에 우리나라 외식산업이 나날이 발전하면서 점차 조리사란 직업의 위상도

높아지는 추세다.

  그러나 그 책에서 조리사 성공 법칙 5가지 내용 중 나와 공감하는 부분이 있었다. 성공한 조리사는 자기가 좋아서 이 일을 하는 사람이고, 실패한 조리사는 생각 없이 급료만 받는 사람이다. 바로 그 대목이야말로 요리에 종사하는 모든 이에게 큰 울림을 남길만했다.

*도자기 수프 터린 : 수프를 담는 큰 그릇

역사의 한 페이지

　　　　새벽 듬성듬성 밝히는 네온사인 중 오늘따라 호텔 온천로고 초점이 흐려져 보인다. 1994년 유성은 '온천관광특구'로 지정되어 많은 방문객이 온천을 즐기고 숙박하며 새벽이면 유흥업소들로 불야성이었다. 관광특구라는 영업규제가 풀린 탓이다. 오죽하면 서울이나 근처 도시 술꾼들이 원정을 올 정도였다.

　새삼 그때를 생각하니 오늘따라 출근길 마음이 씁쓸하다. 60~70년대 유성온천은 유명관광명소여서 신혼여행지로 각광 받았다. 유성호텔은 중부권 최고의 향토 특급호텔이다. 특히 313호 객실은 VIP룸으로 응접실까지 갖추어져 있어 국정國政 중 이승만 대통령을 비롯하여 박정희 대통령 등 전직 대통령께서 대전을 방문할 때마다 머물렀다. 부여가 고향인 김종필 전 총리는 휴가 때면 늘 이용하셨다. 86년 아시안게임 대전선수촌 본부호텔 지정, 88년 서울올림픽 대전선수촌으로 지정, 93년 대전엑스포 본부호텔 지정, 2002 월드컵미디어 본부호텔 지정 등 각종 굵직굵직한 국제행사를 치르기도 했다. 100년 넘은 오래된 호텔이라 시설 자체는 증개축한 약간 노후된 편이나 오히려 고택의 낭만이 서려있다.

2014년 10월 세종특별시에서 개최한 '3년의 혁신 30년의 성장' 행사에 대통령께서 참석하시고 장·차관급을 비롯하여 140명의 한식 오찬 행사는 나에게 잊지 못할 소중한 기억으로 남는다. 그뿐만 아니라, 세종특별시에 있는 총리공관 출장은 한 달에 두어 번 정도 한식, 양식, 중식 메뉴로 행사를 치러 뿌듯함이 남았다.

주말에는 결혼식 행사와 온천 고객으로 주차장이 늘 혼잡하였다. 그래서 2층이던 주차타워를 1층 더 올려 해결했다. 온천이 있는 장점을 살려 온천과 함께 즐길 수 있도록 전국에서 오는 세미나 행사 팀들이 숙박하는 시너지효과를 톡톡히 누렸다. 특히 주말에는 100평이 넘는 목욕탕

안에 손님들이 너무 많아서 우스갯소리로 사람 등과 등이 맞닿을 정도로 문전성시였다.

  유성온천은 백제 말엽 신라와의 싸움에서 크게 다친 7대 독자가 전상으로 고생하던 중, 어머니는 백설이 뒤덮인 들판에 날개를 다친 학鶴 한 마리가 눈 녹은 웅덩이 물로 날개를 적셔 치료하는 것을 보고, 아들의 상처를 그 물에 담그게 하여 말끔히 치료하였다는 전설이 전해져 내려오고 있는 유서 깊은 온천이다.

  또한, 동국여지승람에는 계룡산으로 새로운 나라의 왕궁터를 찾아온 태조 이성계 일행이 심신의 피로를 풀기 위해 온천수로 목욕했다는 기록이 있어, 고려시대부터 이미 유성지역에 백성들이 이용하는 온천 시설이 있었다는 것을 알 수 있다. 이후에 태종 이방원도 임실현에서 군사훈련을 지도하다 한양으로 올라가는 도중에 유성에 묵으면서 온천수로 심신을 달랜 적이 있다는 세종실록의 기록도 있다.

  경부선과 호남선 철도가 개통되고 1915년에 유성온천이 기계식 시추공으로 대규모 굴착에 성공하면서 공주 사람 김갑순이 1918년 충청지역 최초로 근대식 유성온천호텔(현: 유성호텔 온천수 공원 자리)을 개관, 온천과 호텔을 운영하기 시작하였다. 유성지역 최초의 관광호텔이 등장한 것은 1966년 유성온천호텔을 개축 이전한 유성관광호텔(현 유성호텔)이었으며, 본격적인 온천휴양지로 개발되었다. 유성구 봉명동 온천지구에 굴착된 온천 공중 시조공인 유성호텔 온천공은 온천의 적절한 보호와 효율적인 이용을 위해 온천수 공원으로 조성되어 보호받고 있다. 190개의 전 객실에도 온천수가 풍부하게 공급되고 있다. 유성 온천수는 50-400m로 구성된 화강암 단층 파쇄대에서 생성된 온천수로서 화강암의 단층 균열 층을 따라 지하 200m 이상에서 분출되는 37-56℃의 고열 온천이다. 칼륨, 칼슘, 황산염, 탄산, 규산, 나트륨, 중탄산 등 약 60여 종의 각종 성분이 함유되어 있으며, 산성도(pH1) 7.5−8.5의 약알카리성 래디움 온천으로서 온천의 효과를 배가시켜준다. 〈유성호텔 자료 발췌〉

온천으로 호황을 누렸던 목욕문화와 호텔도 시대변천에 따라 한해 한해 감소 추세로 변했다. 코로나 사태가 몰고 온 위생과 관련된 온천탕의 감염도 한몫했다. 2017년 기점으로 한때 서울을 능가했던 유성지역에는 불야성도 경영난을 이겨내지 못하고 주위 호텔폐업이 하나, 둘 늘어나기 시작했다. 이와 맞물려 인근에 대기업소유 5성급 호텔이 세워지면서 공격적인 마케팅으로 인해 행사와 숙박

고객조차 줄어들기 시작했다. 결국 불황과 함께 새로운 호텔과의 경쟁에서 뒤처져 특단의 조치를 피할 수 없었다.

1915년 출발한 온천의 모태인 유성호텔도 변화를 거스르지 못하고 꼭 1년 후 2024년 3월 영업을 종료한다. 많은 사람의 애환과 추억을 뒤로 하고 아쉽게도 역사 속으로 사라질 것이다.

그래서 나도 몇 년이 될지 모르겠지만, 새로운 모습으로 변화됨을 기대하며 다음부터는 고객으로서 노천탕을 찾아갈 날만 기다리겠다.

그들에게도 자기만의 잠재력이 있다.
자신만의 잠재력을 갈고닦는다면,
훗날 〈포레스트 검프〉가 될 수 있는
인물이 나오길 바라며 수업을 마쳤다.

02 그들만의 정신미학

젓가락

직원 중 한 친구는 퇴근 시간만 되면 눈빛이 초롱초롱해지며 하던 일을 바짝 서두른다. 혼자 생각에 퇴근이 뭐 그리 좋을까? 불현듯 과거 나의 초등학교 시절이 생각나니 고개가 끄떡여진다. 공부에 흥미가 없는 나는 따르릉~ 마지막 수업을 알리는 종소리가 무척이나 반갑게 느껴졌다. 종례 시간 반장의 구령에 선생님께 인사가 끝나기 무섭게 넓은 운동장을 가로질러 달음질하면 동네 어귀의 철길이 보였다.

철길을 따라 부산행 열차 옆으로 함께 달린다. 열차 창 아래 〈○○고등학교 수학여행단〉 큼직하게 쓴 현수막이 바람에 펄럭이고 열려진 차창에 형, 누나들 손을 흔들며 응원한다. 흥이 나서 뛰자 빈 양은도시락 속의 젓가락도 장단에 맞춰 "달그락달그락" 소리를 내며 함께 뛴다. 가쁜 호흡을 달래보자 젓가락도 함께 서서히 멈춰 버린다. 나는 집에 도착하여 책가방 한구석에 박혀있는 빈 도시락을 꺼내 우물가 설거지통에 뚜껑을 벗겨 담가 둔다.

누이는 설거지통에 담아진 그릇과 숟가락, 젓가락을 씻어 각자의 위치에 담아 놓는다. 나의 젓가락은 다른 젓가락에 비해 손잡이 하나가 없어 늘 다른 젓가락을 우러러 본다. 내가 숟가락과 젓가락을 막 사용하기 시작할 때 왜 이리 서투른지 고사리손에 잡힌 젓가락은 나를 비웃듯 제 맘대로 손아귀에서 놀고 있다.

겨우 집어 든 음식이 나의 입에 도달하기도 전에 곤두박질하기 일쑤다. 아버지의 밥상머리 교육이 시작된다. 한 손으로 숟가락과 젓가락을 잡고 사용하면 부딪치는 쇳소리가 예절에 어긋나며 식사 중 젓가락으로 상대를 향해 까불면 복이 달아난다고 하셨다. 젓가락은 한 손에 엄지로 검지, 중지 사이에 쥐고 젓가락이 V자가 되게 하여 음식을 집게 하셨다. 그렇게 힘들게 느껴졌던 나의 젓가락 사용법은 해를 넘길수록 수월해졌다.

젓가락은 면 요리 존재로 더욱 빛을 보기 시작했다. 긴 면발을 가느다란 두 가락으로 뜰채 삼아 움켜쥐면 면발은 영락없이 젓가락의 포로가 되고 만다. 비빔밥을 비비는 데 숟가락을 사용하는 경우가 많은데 젓가락질이 숟가락질보다 의외로 잘 비벼진다. 비빔 재료가 가락가락 사이로 어우러지면서 야채, 밥, 양념장이 골고루 잘 섞어졌다. 젓가락은 비단 먹는 도구에만 사용하는 게 아니다.

나는 볶은 채소나 무침나물들을 정갈하게 담는 구절판이나 정교한 음식을 그릇에 담아낼 때는 손보다는 젓가락을 이용하여 담는다. 젓가락은 가늘고 긴 장점으로 식재료를 어르고 달래는 데는 용이하다.

우리가 식사할 때 늘 함께하는 도구인 젓가락, 소중함과 가치는 일상생활에서 느껴 왔지만 심오한 젓가락 문화가 숨어 있었다. 서양 사람들은 식사할 때 주로 포크를 사용하지만 쌀을 주식으로 하는 우리와 중국 일본 등 동남아시아 국가에서도 모양이나 재질은 다르나 젓가락을 사용하는 음식문화를 가지고 있다. 세계적 인구분포로 볼 때 대략 젓가락을 사용하는 동남 아시아계 30%, 포크를 사용하는 유럽계 30%, 인도, 아프리카계가 40% 맨손으로 음식을 먹는다. 안남미 쌀은 우리가 주식으로 하는 자포

니카쌀과 다르게 찰기가 없어서 밥알이 분리된다. 따라서 그릇에 담긴 밥을 손으로 먹는 습관이 길들여져 있다. 그렇다고 모두 미개인 취급을 해서는 안 될 것이다. 젓가락의 모양과 재질은 식탁 문화 음식과 관련되어 있다.

우선 젓가락 생김새와 예절을 보면 젓가락이 가장 발달한 중국은 가족 인원이 많아 회전 원탁 가운데 음식을 놓고 빙 둘러앉아서 식사한다. 멀리 떨어진 기름진 음식을 집거나 뜨기 위해서 길이가 길고 굵으면서 끝이 뭉툭한 것을 사용한다. 부정적 표현으로는 X자 모양으로 놓는 걸 금기시한다.

일본은 음식을 소량의 그릇에 담고, 생선이나 회를 많이 먹기 때문에 우리나라하고 길이가 비슷하거나 약간 짧고 끝이 뾰족하게 생겼다. 또한 죽은 자의 유골을 집는 집게와 닮아서 음식을 상대에게 집어 주는 건 죽으라는 뜻으로 금기시한다.

우리는 중국과 일본 중간 정도 길이 되는 것을 사용하였다. 금속을 다루는 기술이 발달한 신라 시대부터 쇠젓가락을 만들어 사용했다는 기록이 있다. 재료로 우리가 주로 스테인리스로 만든 것을 많이 사용한다면, 중국은 주로 대나무이고 일본은 삼나무를 사용한다. 특히 우리

민족의 뛰어난 지능과 손재주가 좋은 건 어려서부터 무거운 쇠젓가락을 사용하여 뇌의 기능이 발달된 것은 아닐까 추측한다.

1877년 영국의 16살 소녀 '유페미아 알렌'이 작곡한 〈젓가락 행진곡〉은 피아노를 배운 사람이라면 한 번쯤 건반을 쳐볼 만큼 세계적으로 알려졌다. 젓가락을 사용해 본 적이 없는 서양 소녀에 의해, 수천 년 동안 본능적으로 사용한 우리의 젓가락 문화가 농락당한 느낌마저 든다. 그나마 다행인 것은, 2015년 11월 11일을 맞아 청주시에서 문화 콘텐츠 세계 젓가락 페스티벌이 열렸다. 기쁘고 반가운 일이기에 모두가 지속적인 관심과 성원으로 작은 물건에서 발견된 소중한 우리의 젓가락 문화에 모두가 힘을 실어줘야겠다.

사라진 흔적

    가을비가 내리고 나면 찬바람이 불고 기온이 내려간다. 가을은 급행열차를 탄 것처럼 휑하니 지나가 버린다. 밤을 깨운 아침 찬 서리가 곳곳에 하얀 풍경을 그려 놓았다. 뚜렷한 사계절이 점차 이 땅에서 사라져가고 있음에 낭만적인 풍치조차 잃어가고 있다.

  찬 바람이 불면 호텔은 성수기의 조짐이 꿈틀거린다. 호텔의 12월은 그야말로 최고의 영업 매출을 올리는 달이다. 그래서 연회부서 근무자는 개인적 시간의 여유 없이 오로지 일에만 매달려야 한다. 10월부터 출발한 행사들은 11월 중순부터는 살인적인 일정으로 바쁘다. 새내기 웨이터나 초보 조리사들은 이때 연회부서를 거쳐야만, 비로소 호텔맨으로서 경험을 다지게 된다. 나는 새벽 별을 보고 출근하여 달을 보며 퇴근해야 하므로 출퇴근 시간까지 절약하고자 호텔 근처에 방을 구했다. 워낙 몸으로 버티는 일이니만큼 연말이 다가오기 전 전쟁터에 나가는 병사가 무기를 점검을 하듯 일단 영양주사로 단단히 체력을 보강한다.

각종 연회행사를 준비하는 과정은 주방과 영업부 직원이 바쁘게 움직여야 한다. 각종 세미나 행사가 끝나면 식사 테이블 좌석과 음식을 차려주는 준비과정을 속칭 '엎어치기'라고 한다. 엎어치기는 기계 자동화처럼 일사불란하게 정확한 위치에 스푼, 포크, 나이프, 냅킨, 물잔이 테이블 위에 한 치의 착오없이 정갈하게 세팅을 해야 한다. 이때 영업부에서 근무하는 선임 웨이터의 진가가 발휘된다. 원탁 테이블을 굴렁쇠 굴리듯 다루어 좁은 공간에 배치하고 의자를 겹겹이 높이 층을 쌓아서 지게 지듯 등에 메어 쏜살같이 움직여 테이블 위치에 나열해서 놓는다. 초秒를 다투는 긴박한 상황에는 테이블에 물잔 포크, 나이프, 냅킨을 미리 세팅하여 2인 1조로 테이블을 이동시키는 일반적인 작업방식이다.

희성이라는 직원이 있었다. 그는 남들이 하지 못하는 자기만의 독특하고 효과적인 방법으로 일을 해냈다. 꾸부정한 자세로 세팅된 테이블을 지고 묘기를 부리듯 호기롭게 성큼성큼 걸었다. 작달막하나 단단한 근육질로 역동적이었다. 또한 무시무시한 힘은 어디에서 나오는지 직원 모두가 놀랐다. 다들 그의 부친이 체육관을 운영한다고 하니, 어릴 적부터 운동으로 단련된 체력이기에 가능한 일이라 믿고 있었다. 그리고 평소에는 돈 씀씀이도 커서 동료들에게 인기도 있었다. 후배인 영호는 희성이와 몇 차례 술을 마시면서 알았다며 그의 가정사까지 내게 들먹거렸다.

"어제는 희성이가 양주를 사주어 마셨어요. 집안이 빵빵하데요. 고급 승용차에 귀티 나는 여자 친구도 있더라고요." 그래서 내가, "이놈아! 부잣집 아들놈이 할 일 없이 이런 힘든 일을 하냐?"라고 면박을 주니까, "자기 아버지가 사회 경험을 쌓아보라고 이곳에 보냈다나요."

영호가 과할 정도로 희성이를 포장시켜 말하는 건 온전히 그의 말을 철석같이 믿었기 때문이었다. 나는 반신반의했다. 아무튼 사회 경험을 쌓아보려는 것인지는 몰라도 행사장에서 희성이는 묵묵히 맡은 바 일을 적극적으로 처리하며 동료들에게는 든든함을 느끼게 해주는 그런 직원이었다. 동료들도 그의 말마따나 곧 아버지 사업을 물려

받아 잘할 거라고 믿었다.

12월 행사는 크리스마스를 정점으로 이르러 식재료 확보를 줄여가면서 재고 관리에 들어가면 몸과 마음은 번-아웃 상태가 된다. 이쯤 되면 나 역시 달 방을 정리하여 일상의 생활로 돌아가게 된다. 새해가 되면 세미나 행사는 가뭄에 콩 나듯 소규모 행사만 있다. 많게 고용했던 직원들도 밀물 때 밀려온 고기가 썰물 때에 맞춰 빠져나가듯 떠났다.

희성이 또한 입버릇처럼 말하던 아버지 사업을 돕겠다며 사표를 쓰고 떠났다. 한시적으로 고용했던 직원들이 떠난 텅 빈 연회장엔 덩그러니 둥근 테이블과 빈 의자들만 띄엄띄엄 자리를 지키고 있었다. 새벽까지 시끌벅적하며 정리했던 젊은 직원들의 재잘거림은 적막으로 바뀌어 커다란 시계 소리만 겨우 제 모양으로 돌아왔다.

설날이 다가오자 행사는 아예 전멸 수준이었다. 양식 코스를 준비하던 영호가

"부장님 어제 제가 스테이크 21개를 작업해 두었는데 19개뿐입니다." 고개를 갸우뚱거리던 영호는 내게 믿겨지지 않다는 표정을 지었다. "에이, 무슨 소리야?" 말도 안 된다는 나의 반문에 영호는 되레 무척 억울해했다. 작은 자루

냄비가 분명히 7개였는데, 언제부터인가 1개가 보이지 않는다고 하소연까지 했다. 나는 속으로 이 녀석이 바쁜 12월을 보내고 나니 긴장이 풀려 정신이 오락가락하나보다고 생각했다.

그러던 차에, 내 사무실의 서랍에 두었던 돈이 없어졌다. 이상하다는 생각도 잠시, 나는 실수로 잘못 보관했을 거라고 여겼다. 사소한 식재료들이 자꾸 없어진다는 영호의 보고가 계속 들어왔지만 찾아낼 묘책은 없었다. 그 후 또 다시 내 서랍에 둔 돈이 없어진 것을 알았다. 그래서는 안 되었지만, 직원 한명 한명에게 의심의 눈초리가 가기 시작했다. 결국 나는 직원들에게 미팅 시간에 파출소에 신고할 테니 자수하여 광명을 찾으라는 최후의 통첩을 보냈다. 그러나 모두가 요지부동하였다. 결국 파출소를 찾아가서 자초지종을 이야기해봤지만 허사였다. 더구나 잊을만하면, 계속 사라지는 식재료는 귀신이 곡할 노릇이었다.

입춘이 지나 동장군의 스산함이 남았어도 햇빛이 들었다. 나는 햇볕을 쐬기 위해 옥상으로 올랐다. 겨우내 묵인 살결이 금방이라도 벗겨질 듯 따끔따끔 통증이 왔다. 그런데 웬걸, 분명히 잠겨 있어야 할 보일러실 문짝이 살짝 열려 있었다. 문을 조심히 여는 순간, 누군가가 나를 밀치고

후다닥 저만치 달아났다. 덥수룩한 사자 갈기 머리털과 꾀죄죄한 얼굴이 초췌한 모습의 사람이기보다는 짐승과 닮았다. 그는 내가 불러도 뒤도 안 돌아보고 비상계단을 타고 도망가더니 순식간에 도로 건너편으로 사라졌다. 소스라치게 놀랐던 그의 얼굴은 분명히 낯이 익었다. 동물적인 민첩성만 보더라도 두 달 전까지 함께 일했던 희성이가 분명했다.

시설부에 직원과 함께 그가 떠난 자리를 살펴보았다. 휴대용 가스레인지, 부탄가스, 자루 냄비, 프라이팬, 컵라면과 먹다 남은 음식 재료 따위가 어지럽게 널려있었다. 더욱 놀라운 것은 용변의 흔적까지 여기저기 널려있는 게 아닌가! 수거된 쓰레기만 족히 100리터 봉투로 10여 개나 나왔다. 사람의 왕래가 적은 곳이고 보일러실 온기로 추위를 피할 수가 있고, 음식까지 얻을 수 있는 주방 통로를 잘 알고 있어서였을까. 아마도 그가 거처하기에는 적합했던 장소였을 것이다. 그는 그곳을 거처 삼아 아무도 몰래 은둔생활을 해온 것 같았다.

그는 정말 부유한 집안으로 아버지의 사업을 물려받았을까? 설사 사업이 망했더라도 성실하고 든든한 체력이 밑천이었을 텐데, 왜 굳이 이곳에서 은둔생활을 했는지 궁금했다. 그 이후 그에 대한 소식은 누구도 알 길이 없다. 오늘처럼 날씨가 추워지기 시작하면 문득문득 그의 생각이 떠오른다. _ 2022년 수필춘추 겨울호

행복을 주는 잠

　　　　사람마다 약간의 차이는 있지만 일생 중 대략 30%의 시간을 잠에 할애한다. 그만큼 잠은 건강에 미치는 영향이 크다 할 수 있겠다. 누구나 하루 중 제일 기대되고 행복한 시간이 포근한 잠자리일 것이다. 잠은 모든 신체에 휴식을 주므로 무리하게 활동했던 뇌와 신체의 피로회복 시간이며 사람이 살아가는데 있어 절대적인 활력소인 셈이다. 잠이 부족하면 소소한 누림도 못 느낀다. 신경세포가 예민하여 작은 일에도 신경질적 반응을 보인다. 또한 불량 세포 생산으로 인한 우리 몸에 이상 증세를 보내온다.

　　돈키호테의 저자로 알려진 세르반테스가 "잠은 피로한

육체와 마음의 가장 좋은 약이다."라는 말에서 알 듯 흔히 우리가 '잠이 보약이다'라는 말은 잠이 만병의 치료제라고 의학적으로 어느 정도 입증된 셈이다. 과유불급過猶不及이라 했던가? 과도한 잠은 역으로 심한 피로를 몰고 온다. 간혹 휴일에 많은 잠을 자다 보면 피로가 가시지 않고 오히려 몸이 무겁다. 찌뿌둥하며 머리가 아픈 것을 누구나 한 번쯤 경험해 봤을 것이다.

 그래서 적당한 잠이 보약이 되는 것이다. 신神께서는 하루를 열심히 일한 사람과 욕심 없는 자에게는 달콤한 잠을 선물하여 주셨다. 못된 죄와 탐욕을 갖는 자에게는 잠을 허락하지 않고 방해(고민)한다. 잠의 상징은 평화이기도 하다. 아기의 쌔근거리며 자는 모습, 주름살 패인 노인의 자는 모습, 공부에 지친 학생 입에서 흐르는 침을 훔치며 자는 모습, 젊은 여자의 고단함에 코를 골며 자는 모습, 어떠한 모습으로 자던가. 누구에게나 잠을 자는 모습에서는 평화로움과 연민의 정이 흐른다. 심지어는 인생에 찌든 노숙인의 자는 모습에서도 느낄 수 있다.

 돌아가신 어머니가 좋아하시는 냉면을 함께 먹으며 무척이나 행복한 시간을 보냈다. 나는 요식업으로 어마어마한 부를 축적하게 되었다. 초련初戀의 방울이와 함께 그렇게 바라던 제주도 여행을 떠나기 위해 우린 비행기에 올랐다. 꿈이었다. 이렇게 현실적으로 불가능한 일도 몽매夢寐로 얻게 되니 잠은 우리에게 또 다른 행복을 주기도 한다.

초등학교 1학년 때 외할아버지의 회갑연으로 외갓집에 간 적이 있다. 그 시절에는 집집마다 닭이나 돼지를 한두 마리는 키웠다. 외갓집에도 돼지와 닭을 키웠는데 외할아버지께서 특히 닭고기를 좋아하셔서 남의 집보다 많이 키웠다. 많은 닭 중 사나운 장닭의 위세는 대단했다. 툭 하면 힘없는 노약자나 어린아이를 얕보고 날카로운 부리로 사정없이 쪼아대기 일쑤였다.

그날 나는 볏단을 매트삼아 사촌 형제들과 덤블링놀이를 하고 있었다. 갑자기 장 닭 한 마리가 후르르 날개 짓하며 우리에게 달려들었다. 걸음아 나 살려라 도망가던 중에 나는 그만 샘물가에 미끄러져 엉덩방아를 찧으면서 바지가 물에 옴팍 젖었다 추운 날씨로 젖은 바지 때문에 더 추위가 느껴졌다. 외할머니 손에 이끌려 바지를 빨리 말리려고 쩔쩔 끓은 아랫목으로 엉덩이를 넣으니 따뜻함을 느끼며 슬그머니 눈이 감겨 버렸다. 요란한 장구 소리와 따끈따끈 통증에 노루 잠자듯 하다 살며시 깨어 엉덩이에 손을 넣어보았다. 엉덩이가 불그스레 올라오고 화끈거리는 고통에 울어 버렸다. 나의 엉덩이를 보고 놀란 외할머니는 감자를 곱게 갈아 엉덩이에 발라주시니 화끈거리는 통증이 감쪽같이 사라졌다. 그리고 보면 잠은 따뜻한 기온에는 무기력하며 궁합이 잘 맞는 것 같다.

  최근 고속도로에서 일생일대 사건이 있었다. 고속도로에 들어서면 졸음운전 안내표시판을 많이 접한다. 평상시에는 나와 무관한 듯 관심이 없었다. 그러나 이번 일로 졸음운전 안내판을 새롭게 보게 되는 계기가 됐다. 전날에 부족한 잠의 상태에서 출장길의 고속도로에 진입하여 한참을 달리던 중 따사로운 햇볕이 나의 눈꺼풀을 잡아당겼다. 음악을 크게 틀어도 보고 허벅지를 꼬집어도 보았어도 모두가 허사였다. 무의식중의 졸음운전은 내가 제어할 수 있는 한계를 넘었다. 한참을 달리고 있는데 순간적으로 중앙선 벽 옆을 아슬아슬하게 지나는 게 아닌가! 부족한 잠과 따스한 기온의 유혹으로 졸음이 온 것이다. 그 순간, 머리카락이 쭈뼛 서면서 뒷머리가 땡기는 것을 느꼈다. 졸음운전으로 판단력이 흐려 대형 사고를 가까스로 모면하면서 큰 충격을 받았다. 사람이 죽고 사는 것이 '한순간'이라고 하더니 바로 이런 건가 보다. 쏟아지는 잠을 진정시키고자 할 수 없이 휴게소에 들러 잠시나마 눈을 붙이고 나서 운전했던 기억은 지금 생각해봐도 소름 돋는 아찔한 순간이었다.

  그만큼이나 잠은 우리 생활에 늘 함께하고 있다. 그래서 아침, 저녁 인사에서 나누듯이 "안녕히 주무셨어요?"로 하루를 시작하여 "안녕히 주무십시오!"로 하루를 마감한다. 하루의 시작과 끝을 잠의 소중함으로 서로에게 안부를 전하듯 우리에게 식사하는 만큼이나 잠은 소중한 것임이 분명하다.

용이 하늘로 승천할까?

　　　　'시간의 흐름 속도가 더욱 빠르게 느껴지는 것을 보면 나이 탓인가 보다. 너를 본 것도 어제 같은 느낌인데⋯ 항시 노력하는 자세가 특이하고, 너답다. 그런 배짱이 있어야 사는 재미도 있고 실패하기도, 성공하기도 하면서 말이다. 네가 연구하고 있는 것들도, 언젠가는 꼭 성공할 거라고 믿는다.' (~생략~)

　오래전 하와이에 사시는 누이가 나에게 보낸 글이다. 한국에 있을 때 교편생활을 하다가 결혼과 함께 미국으로 이민 가셨던 고종사촌 누이다. 내가 서울 고모님 댁에 놀러 가면 고모님은 띠동갑인 나와 누이를 빗대어 성질머리가 같다고 강조하셨다. 그런 공감共感 하는 부분이 있어서 나와 누이는 다른 형제들보다도 통通하는 게 많았다. 내가 7살 때 사촌 형 초등학교 졸업식 때 누이와 나 셋이 함께 찍은 흑백사진을 나는 책상 서랍에 간직하고 옛날을 회상하곤 했다. 사진 속 누이의 풋풋했던 모습을 가끔 보고 있노라면 세월의 무상함을 느낀다.

덧없는 세월에 누이는 칠십이 넘으셨다. 그런 누이는 나의 사춘기 흑역사黑歷史 시절부터 지금까지도 항상 부족하고 망나니 나에게 위로와 용기를 북돋아주셨다. 배움을 강조하며 채찍질도 해주시고, 늘 겸손함으로 살라고 강조하셨다. 내가 힘들 때 나의 무거운 짐을 덜어주시고, 정신적 지주의 역할을 마다하지 않고 해주셔서 내가 이렇게까지 바른생활로 살아 온 것도 따지고 보면 그런 누이의 영향력이 컸다.

[카톡♪]

　― 살아가면서 일기 쓰는 일이 바로 문학이오, 생각하고 많이 쓰다 보면 요령을 터득하는 게 세상의 이치요.
　― 계단을 차근차근 밟아야지, 바로 엘리베이터 타려는 욕망은 사상누각이라오.

― 문학은 양보다 질이니, 맞춤법과 교정을 보면서 차분하게 몇 번씩 읽어 보시오.
― 누구에게나 똑같이 주어진 시간이요. 알뜰하게 쓰는 자에게 복이 있나니.

얼마 전 『흩어진 생각들』이란 산문집을 내신 스승님은 시시콜콜한 부분까지 나에게 문자로 코멘트를 해주신다. 엄한 큰형님 같고, 이웃집 아저씨 같으며, 때로는 친구 같기도 한 스승님이다. 오랫동안 편하게 글 쓰는 법을 가르치면서도 엄할 정도로 채찍질하셨다.

나의 시집詩集작업이 막바지 단계에 이르던 어느 날이었을 것이다.

"창업 씨, 본인이 저자인 요리책 있나?"

나는 순간 무척 당황했다.

"아뇨, 공동저서만 몇 권 있죠!"

스승님은 몹시 못마땅하시며, 시집 출간을 미루고 당장 요리 서적 출간을 목표로 진행하라고 하셨다. 이거 무슨 날벼락이람? 곧 시집 출간을 코앞에 두고 있는데… 속으로 많이 야속했지만, 스승님 말씀에 일리가 있다는 생각이 들었다. 30년을 넘게 요리했으면서 '공동 저자'라는 말에 스승님께서 맘에 거슬렸던 것 같다. 듣고 보니, 나 역시 자존심이 많이 상했다.

오래전 책을 쓰려고 '퓨전 약선요리' 레시피 작업을 정리한 게 있어 그나마 많은 위안이 됐다. 그러나 음식사진 촬영을 하는 것이 문제였다. 사계절 메뉴로 구성되어 여름철인 시점에 봄의 식재료 문제로 어려움이 생겼다. 봄의 식재료 구입이 어려운 까닭에 대체 가능한 메뉴로 수정하였고, 가을 식재료는 생산을 기다리면서 조금씩 음식을 만들어 촬영하였다. 5개월여 인고의 작업 끝에 초겨울쯤『퓨전 약선요리』책으로 출간되었다. 묻힐 뻔했던 이 한 권의 책은 어찌 보면, 오롯이 스승님의 판단으로 세상의 빛을 본 것이다.

요리의 전문 지식은 없으시나 교정할 때만큼은 다양한 질문으로 꼼꼼하게 챙겨 주셨다. 또한 책의 출간이 궁금하여 책이 언제 도착하는지 좌불안석하셨다. 책이 도착했다는 연락을 받고 한걸음에 오셔서 당신 책이 나온 것보다도 더 기뻐하셨다. 진정한 스승의 참사랑을 실천하심을 나도 몸소 배웠다.

나에게 조리사라는 자부심을 이 책 한 권으로 심어주었고, 내가 글 쓰는 일에 과過하다 싶으면, 문학보다는 본업에 충실하라는 충고의 말씀을 잊지 않으셨다. 문학에 미흡한 나에게 다양한 지식을 심어주시고, 때로는 인생살이에 대해서 나에게 지팡이가 되어 주셨다. 그런 스승님과 누이, 두 분은 내 인생의 발자취에 가르침을 주셨다. 우리 셋의 공통분모共通分母가 있다. 같은 띠동갑이다 보니 우리만이 통通하는 뭔가가 있는 것이다.

  용띠龍—들의 공통으로 풀이된 말 중, 하늘을 높게 오르는 이상과 눈높이로 적극적이며 활동적인 성격을 가졌다. 자신에 대한 신념이 아주 강하며 한편으로는 작은 일에 신경을 쓰지 않는 털털함이 있다. 승부사 기질과 지배력이 강하고 자기중심적 성향이 매우 높으므로 자만심도 강하다. 내 자신을 생각해 봐도 그런 것 같아서 나 역시 상당히 동의한다. 언젠가는 용이 하늘로 승천한다는 전설처럼 우리들에게도 그런 날이 올 수 있을까?

루아의 입학식

꽃샘추위와 봄이 밀고 당기는 줄다리기가 팽팽하다. 아쉬움에 버티려는 동장군 그림자가 주위에 얼쩡거린다. 꽃샘추위에도 전국적으로 입학 시즌이 시작되는 3월, 나의 초등학교 입학식 기억이 생생하다.

벙어리장갑을 끼고 어머니의 손을 잡고 따라갔던 그때도 3월이었다. 칼바람은 왜 그렇게 매섭게 불던지 어머니의 손마저 차갑게 굳어버렸다. 고무신에 양말을 두 겹이나 껴 신었지만 매서운 추위에 어린 나는 발만 동동 굴렀다. 드넓은 운동장을 들어서니 허허벌판에 불어대는 찬바람에 콧물이 날렸다. 왼쪽 가슴팍에 옷핀으로 달은 이름표와

허연 손수건으로 훔쳐보았다. 왜 그렇게 많은 콧물이 줄줄 흘렀는지 아예 옷소매를 코에 대고 문질렀다. 소맷단이 반들반들 해지고 코끝은 불그스레 쓰라렸던 통증은 어린 나로서는 이루 다 말할 수 없는 고통이었다.

루아는 엄마의 답답한 뱃속에서 발길질로 호소하며 세상의 빛을 갈망하여 여느 아이들보다 한 달 먼저 세상에 나온 '구삭동이'이다. 인큐베이터에서 엄마의 도움 없이 생존의 도전을 시작했다.

그 작은 우주선 같은 공간에서 무럭무럭 자라서 한 달을 채우고 본격적인 세상과의 조우가 시작되었다. '구삭동이'라는 꼬리표가 무색하리만큼 먹는 것도 스펀지가 물 빨아들이듯 잘 소화시키고 하루하루가 다르게 씩씩하게 자랐다. 자고 먹는 시간 외에는 손 까불기, 몸 뒤집기, 배 깔고 기어 다니기 등 스스로 자신의 몸을 가누었다. 돌이 지날 무렵부터는 각개전투를 하면서 의자이건 소파건 티브이 장식장이건 손에 잡히는 건 버팀으로 본격적인 직립보행의 준비를 했다. 수백 번을 넘어지고 일어서기를 반복하여 걸음마를 떼는 순간, 루아는 실패와 성공이란 체험을 통해 작은 인생이 시작되었다. 그리고 옹알이를 시작으로 서서히 말이 트이기 시작했다.

아기가 말 트이는 습득과정이 '엄마'라고 부르기까지 만 번 정도 들어야 비로소 부른다는 설이 있다. 미처 습득 시간을 갖지 못했는데도 불구하고 또래 아이보다 빠르게 '엄마'라고 부르기 시작하였다. 곧이어 부정확한 발음으로 나에 대한 호칭까지 부르게 되었다.

한해 한해가 지나면서 무럭무럭 자란 루아는 엄마의 핸드폰으로 간혹 영상통화를 하면 아리송하고 서툰 자기표현을 하였다. 특별한 날에 선물을 챙겨 주면 항상 밝은 웃음으로 선물을 흔들어 보이며 늘 감사한 뜻으로 배꼽 인사도 했다. 유치원 입학 후 발랄하고 친구들과도 사교성도 좋아 잘 적응하였다.

ㄱ, ㄴ, ㄷ, ㄹ 따위의 발음과 쓰기를 배우면서 새해 인사를 글로 써서 보냈다. 자기 딴에는 글이라 표현했지만 삐뚤빼뚤하고 받침자도 듬성듬성 빼먹어서 낙서나 다름이 없었다. 사랑한다는 하트모양 또한 제멋대로였다. 그러나 나는 루아가 표현하고자 하는 뜻을 만들어 읽곤 했었다. 초등학교 입학하던 올해 새해 인사의 글은 그래도 완벽하였다.

지금 아이들은 정부의 지원(보육료 면제)으로 유치원을 다니며 초등학교 입학 전에 대부분 선행학습으로 한글을 배우고 들어간다.

  나는 초등학교에 입학하고도 한글을 제대로 읽고 쓰지 못해서 수업을 마치고 나머지 공부하기 일쑤였다. 우리 세대의 어린이들은 거의 다 유치원은 언감생심이었다. 요즘 아이들이 다 그렇듯 루아도 유치원을 다니는 외에도 학원에 다녔다. 방과 후에는 여자아이인데도 활동적이어서 태권도 학원도 다니고 영어 공부, 학습지 공부도 하며 바쁘게 유치원 생활을 했다. 요즘 세대의 부모가 학구열이 높다 보니 어릴 적부터 공부에 치어 사는 아이들이 참 안쓰럽다. 다른 아이처럼 루아도 유치원 졸업식하고 딱 일주일 쉬고 초등학교에 입학하였다.

  나 또한 그랬지만, 입학 시즌이 되면 따뜻했다가도 꽃샘추위의 기승에 덜덜 떨어야 했다. 루아는 연한 핑크 코트에 예쁘게 해주고 싶었던 엄마의 마음인지 마스크까지 연한 핑크로 색을 맞추며 한껏 멋을 부렸다. 연한 보랏빛 네모 모양의 새 가방과 실내화 주머니를 한 쌍으로 맞추고 등굣길에 올라섰다. 그렇게 루아는 사회에 첫발을 내딛게 되었다.

  이제부터는 정식 출발선에 선 루아의 모습이 아직도 선하게 그려진다. 지금은 저출산으로 인해 한 학급당 겨우

이십여 명 학생으로 나 어릴 적의 딱 삼분지 일 수준이다. 교실이 부족하여 이부제 수업을 했던 시대와는 거리가 먼 시대가 되어버렸다.

  오십여 년 전 내가 그랬듯이 루아 역시 새롭게 시작되는 학교생활이 호기심과 두려움을 함께 느꼈을 것이다. 그러나 정이 많고 애어른처럼 속 깊고 영특하며 욕심 많은 아이라서 지혜롭게 학교생활을 할 것 같다. 요즘은 독자獨子 가정이 많다. 이기적인 아이들이 많고, 귀하게 키우다 보니 올바른 인성人性이 부족하다. 루아는 아마도 올바른 인성으로 잘 성장하리라 굳게 믿고 싶다.

  앞으로 일 학년, 이 학년… 루아가 성장해 갈수록 나는 점점 작아지고 있겠지.

  내 부모님이 내게 그렇게 느꼈듯이….

코로나 19

    2019년 겨울 중국 우한에서 시작된 신종 바이러스 코로나19가 한반도를 덮쳤다. 그것도 아내가 근무하는 대구지역에 집중 발병 확진자가 하루가 다르게 연일 매스컴에 발표되고 모든 뉴스 시간마다 대구지역이 집중 조명되었다. 아내는 직업상 휴가도 낼 수 없는 상황이고 하루하루 초조한 마음으로 대전에서 대구까지 출퇴근하는 것이 아내에게는 이만저만 고통이 아니다.

  아내는 혹시 모를 전염 예방 차원에서 아파트 엘리베이터 사용을 안 하고 오로지 계단만 사용하였다. 집 현관에는 손소독제를 비치하였고 집안에서조차 마스크를 착용하고 있어야 했다. 심지어 각방을 쓰면서 식사하는 그릇까지 따로 사용하는 격리 조치와 같은 생활을 했다. 외출 시 손 씻는 거부터 아내의 잔소리는 갈수록 히스테리 정도가 심각해졌다. 그 계기로 직업상 나 역시 더욱 손 씻는 습관이 길들어져 철두철미했다. 외출 시는 물론이고 식당에 가든 새로운 환경을 접하는 곳에 가면 우선 손부터 씻는 버릇이 생기게 됐다.

아내는 마스크 대란이 날 거라는 예측에 마스크를 자주 구매하여 서랍에 가득 채워 놨다. 아내의 생각대로 요일별 정액 마스크 판매를 하는 현상까지 생겨났지만, 덕분에 마스크는 부족함이 없었다.

시간이 지날수록 유독 대구지역 확진자 발생이 많다 보니, 대구는 대낮에도 유령도시처럼 사람들의 발길 없는 텅 빈 도시로 변하여갔고, 연일 대구의 실상은 주요 뉴스로 다뤄졌다. 나는 은근히 걱정되기 시작했다. 혹시라도 아내로부터 전염되면 내가 근무하는 호텔도 폐쇄 조치 되지 않을까? 라는 여러 가지 생각에 두려움이 들었다. 결국 청정지역이라던 대전에도 바이러스가 창궐하면서 나는 결단을 내려야 했다. 그래서 아내의 눈치를 보면서 조심스럽게 말을 꺼냈다. 만에 하나, 안 좋은 최악의 경우가 되면 어쩌겠냐고.

내가 코로나가 잠잠해질 때까지 방을 얻든지, 친구 집에서 생활하면 어떨지 고민하자, 아내는 자기로 인해서 여러 사람에게 민폐를 주기 싫었는지 흔쾌히 승낙했다.

나는 고심 끝에 마침 군대에 간 아들 방이 비어있는 호텔과 가까운 친구 집으로 결정했다. 나는 그날 저녁 이불과 속옷 간단한 생활용품을 챙겨서 피난 아닌 피난으로 야간도주를 하였다. 그렇게 코로나 피난민의 생활이 시작되었다. 2층은 친구가족, 1층은 내가 생활할 곳이다. 앞마당에 텃밭이 있고 뚝방으로 나가면 졸졸 흐르는 개울가의 봄기운이 흠뻑 젖어 있는 전원이 눈앞에 전개되었다. 친구의 2층집은 영락없이 나의 판암동 어릴 적 시골집에서 맞이하던 풍경임에 더욱 친밀감을 느껴졌다.

정겨운 장닭의 타임 소리인 '꼬끼오 꼬끼오~' 소리가 낯선 첫날의 잠을 깨운다. 홀아비인 친구의 아침 식사 준비를 위해 냉장고를 열어보았다.

냉장고의 반찬과 식재료의 좌, 우로 정렬. 반듯하게 자리 잡고 있는 채소는 종이로 싸서 비닐봉투에 가지런히 담아 놓았다. 쓰고 난 밀가루는 집게로 접어 옆 칸에 챙겨져 있다. 어느 가정이나 볼 수 있는 냉장고 안의 모습이다. 냉장고 정리 정돈을 얼마나 잘해두었느냐에 따라 조리사가 음식을 맛있게 만드는 실력이 있다고 예전에 선배님의 충고 말씀이 생각난다. 가스렌지는 수시로 닦으니 광이 날 정도로 반짝였다. 설거지를 한 후 그릇은 물기 제거를 해야 한다고 마른 수건으로 닦으며 웬만한 주부들도 울고 갈 정도로 깔끔했다.

친구의 이런 모습에 조리사인 나는 흠칫 놀라면서도 괜히 홍당무가 되어버렸다. 늘 한잔의 소주를 즐겨 마시며 입에서 나오는 육두문자와 껄렁껄렁 걷는 팔자걸음에 영락없는 노가다판의 노동자로 풍기는 모습과는 정반대였기 때문이다. 더구나 그의 생활방식이 나의 생활방식에 경종을 울려주었다.

40여 일의 동거생활에서 나의 새로운 생활방식에 그는 마중물을 부어주었다. 군대 시절 모포를 각지게 사물함을 정리하던 몸에 밴 그 습관을 지키고 있었던 것이다. 소소한 것일지라도 반복된 연습이 습관으로 바꾸어 나간다는 그만의 철학이 있었다. 자고 일어난 이부자리의 정리도 예사롭지 않았다. 나는 자고 일어나면 이불에서 몸만 빠져나오면서 잠옷도 뱀 허물 벗듯이 벗어놓았다. 하루는 출근하다 놓고 온 서류를 가지러 차를 돌려 내 방에 들어서니 잘 정돈된 침대를 보고는 뒤통수를 맞은 듯 심한 충격이 왔다. 이불은 모서리각에 잡혀있고 이불 위의 내 잠옷은 누워있는 자세로 가지런히 펼쳐져 있었다 남자가 궁상맞을 정도로 홀아비의 임무를 충실히 하는 친구의 모습에 습관은 어떻게 배우냐에 따라 좋은 습관이 될 수도 있고, 나쁜 습관이 될 수도 있음을 깨달았다.

나는 오늘도 새벽 이부자리에서 빠져나온다. 친구가 해 놓듯 이불에 각을 잡고 잠옷은 가지런히 펴서 이불 위에 올려놓으며 스스로 기특함을 느낀다. 무심코 친구의 행동에 귀찮아하며 그냥 넘길 수 있는 일이었지만, 나이를 먹으면서도 부족함을 배우려는 자세에 나 자신을 응원한다. 코로나19로 인해 나뿐만이 아니라 사람들이 많은 것을 잃었다. 그러나 나는 깨끗한 손 씻기나, 이부자리 정리의 습관을 배웠다. 또 25년 숙원사업이던 25년 전 몸무게 되찾기를 각고의 운동으로 찾아서 소소한 위안을 삼게 되었다.

하지만 코로나19 바이러스가 우리에게 남기는 메시지가 무엇인가? 앞으로는 더욱 심각한 지구 온난화로 인하여 남극의 빙하와 눈이 녹으면서 수십만 년 전에 숨어 잠자고 있던 바이러스가 깨어나면서 인류멸망을 가져온다는 과학자들의 설說이 심심치 않게 들려오니. 이 시대에 우리에게 각자의 소명을 남겨줄 것이다.

땡초김밥

　　한낮으로 포근한 햇살에 땅이나 나무들의 어린 파란 생명이 조심스레 꿈틀거리는 4월이다. 새벽에는 겨울의 여운에 살짝 스산함이 남아 있으나 봄 소풍은 할 만하다. 단톡방에 소풍 일정을 알렸다. 며칠이 지났건만 잠잠하다. 모두가 바쁜 모양이다.

　　몇 해 전 온통 초록 기운을 발산했을 무렵이었다. 호국영령들이 잠드신 대전현충원에 간 적이 있었다. 그들의 젊은 패기와 기상氣像을 숙연한 마음으로 기리며 스승님과 맛나게 먹던 김밥 맛이 새록새록 생각난다.

　　칠순을 넘기신 지금도 열정적으로 문학에 대한 깊이가

남다르셨다. 늘 하시는 말씀은, 작가는 글로써 평가된다 며 작품 활동이 왕성하시다. 끊임없는 창작열에 가끔 우리는 깜짝깜짝 놀란다. 우리에게 다양한 문학의 복잡한 실타래 매듭을 풀어 놓은 듯 들려주시곤 했다. 글을 쓰는 일에 앞서 독서가 기본이라며 곰삭은 상태에서 우러나오듯 써야 깊은 맛이 있음을 강조하셨다. 문학에는 꼼꼼한 성격이나 인생의 선배로서 폭넓고 살뜰하게 아랫사람을 챙기셨다.

[카톡♪]
- 봄비가 내린다는데 수요일에 번개팅합니까? 회장님!
- K시인이 시간이 안 돼서요. 내일 제가 양보할 수 있는데 어떠실까요? 화요일 번개요?
- 내일 저는 시간 됩니다. 땡초김밥 가지고 OOO 아파트 근처 꽃밭으로 갈게요. ㅎㅎ
- 그럼 11시까지 호텔 주차장에서 만나요. 물과 쿠키는 제가, K시인은 돗자리와 땡초김밥요.

하루 전이면, 언제나 의기투합이 잘되는 〈시간문학회〉의 작은 모임이다. 저녁에 비가 내린다는 예보처럼 아침부터 나들이 가기에는 썩 좋은 날씨는 아니다. 스승님은 벌써

내 사무실로 오셨고, 정한 시간에 회장님이 호텔 주차장에 정차했음을 알려왔다. K시인은 오늘도 어김없이 코리안 타임이다. 조금 늦으니 만남의 장소 갑천 둔치로 바로 온다는 것이다.

나는 마실 물과 쿠키를 챙겼고, 스승님과 나는 회장님의 차량에 동승한다.

호텔을 벗어나 10여 분을 달리자 갑천 둑길에는 봄의 전령사 가로수들이 곳곳에서 반긴다. 목적지에 다다르자 양 갈래 길에서 내비게이션이 헷갈리게 한다. 지나치는 행인에게 물어보니 오던 길로 되돌아 아파트로 들어가란다. 회장님의 수고로 이번에는 제대로 목적지에 도착하였다.

아파트 입구에 들어서자 벚꽃 나무들이 즐비하다. 차갑고 얄궂은 살랑바람에 벚꽃 잎들이 흩날려 마치 하얀 눈처럼 땅으로 떨어지고 있었다. 꽃잎 사이로 간간이 새 생명인 어린 초록 잎사귀들이 머리에 새치 나오듯 듬성듬성 비집고 나왔다.

꽃밭을 대충 한 바퀴 돌아보았다. 우리의 쉼터를 잡기 위해 주위를 살펴보니, 다른 일행이 떠나려는 대형 천막이 쳐진 목조계단이 눈에 띈다. 그들이 떠난 자리에 터를 잡고 확 트인 갑천 둔치에 시선을 둔다.

소녀의 넋을 위로하는 꽃이라는 전설을 말해 주듯 튤립이 화려하게 장관을 이루고 있다. 형형색색에서 강한 향기가 바람에 실려와 눈과 코를 즐겁게 한다. 둔치 건너 강물은 대도시에서 오염된 구정물로 제 모습을 잃은 듯 혼탁하게 흐른다. 높게 올라간 다리 위 경부선 열차의 레일이 까마득히 보인다. 간간이 제트기처럼 횡하니 지나가는 고속열차는 장난감처럼 보인다.

 교복 차림 학생들이 탐방을 왔는지 꽃과 함께 자아도취에 바쁘다. 젊음이 좋다. 나의 고교 시절이 잠깐 스쳐 지나간다. 삼삼오오 있는 폼 없는 폼을 다 잡으며 청춘을 셀카에 담고, 무리 지어 왁자지껄 사진 찍기에 바쁘다. 유치원 꼬맹이들이 봄 소풍을 왔는지 꽃길 옆으로 교사의 구령에 맞추어 정렬하며 종종걸음을 한다. 꽃길 중앙에 설치된 대형그네가 주인을 기다리듯 바람에 가볍게 미동을 한다.

 어디선가 낯익은 목소리에 뒤돌아보니, K시인이 바리바리 싼 봉투를 양손에 들고 나타난다. 우리는 돗자리를 펴고 각자 준비한 먹거리를, 밥상 대신 비닐을 가운데에 깔고 널려 놓으니 소풍을 온 기분이 한 층 더 실감 난다. 스승님은 마트에 들러 부각 4봉을 준비 해오셨다. 회장님은 디저트로 과일을 준비해오고, 그녀는 땡초김밥, 참치김밥과 떡볶이, 뜨뜻한 오뎅 국을 가져왔다. 배포만큼 큰 손은 오늘도 여지없다.

항상 11시 먹던 점심이기에 내게는 때늦은 점심 식사이다. 어느 음식이나 야외에서 먹는 맛은 식욕을 왕성하게 한다. 말로만 듣던 땡초김밥과의 첫 만남은 뇌에서는 이미 매콤함을 느끼게 한다. 한 입 넣어 오물오물 씹자 뒷맛에서 혀의 화끈거림이 입안에 가득 퍼진다. 그러자 나의 식욕을 당기는 먹음새가 대단한 속도로 김밥을 연거푸 흡입한다. 서서히 포만감을 느끼자 꿀맛이 따로 없다. 맛난 음식에 그녀들의 수다는, 약방의 감초가 따로 없다. K시인은 오지랖이 넓다. 동굴 속에 떨어지는 낙숫물처럼 맑고 청명한 목소리로 시 낭송하며, 시를 맛갈나게 쓴다.

"언니? 글쎄 어제 말이야, 영화관에서 그림을 팔아먹은 친구를 만났지 뭐야."

"그래서 어쨌어?"

언니의 흥미진진한 반응이 바로 온다. 모두 이구동성으로 그림값을 못 받았다는 허물을 다그치자, 그녀는 쓴웃음으로

"뭐 그냥 안부만 묻고 말았지."라며 말꼬리를 흐린다. 그렇다. 그녀는 남에게 싫은 소리를 할 줄 모르는 성격이다.

항상 벙어리 냉가슴 앓듯 잘 참아낸다. 남의 부탁을 거절하지 못해서 항상 주위 사람들로 인한 피해를 많이 본다는 걸 나도 잘 알고 있다. 그래서 나는 그녀의 건강한 풍채를 비유하여 넉넉하니 많이 도와주라고 놀리곤 했다.

그녀와는 달리 회장님은 금융인 출신이어선지 끊고 맺음이 정확하다. 『나는 내가 예쁜 줄만 알았다』라는 수필집에서 말하듯 새침데기로 도도해 보일 만큼 당당한 카리스마가 있다. 한때는 골프를 즐기며, 명품을 즐겨 입고 사모님 소리 들었지만, 지금은 독서와 글을 쓰는 재미가 더 쏠쏠하다고 강조한다.

짭짤한 김은 모든 걸 수용하는 스승님이면, 흰밥은 엄마 같은 따뜻한 회장님, 단무지는 김밥의 식감을 살려주는 K시인, 나는 열을 올려주는 땡초가 아닐까. 이렇게 만들어진 땡초김밥은 누구도 흉내 낼 수 없다.

우리만의 하모니가 이뤄져 만들어진 멋진 모임이다. 잠시의 나들이가 하루의 활력소를 찾아준다. 그런데, 그날 내가 땡초김밥을 너무 많이 먹고 장에 탈이 나서 이튿날까지 쓰라렸던 고통을 아직 아무도 모른다.

_ 2023년 수필춘추 여름호

그들만의 정신미학

장애인 자립센터에 계신 여 이사님에게 문자와 함께 다섯 장의 사진이 올라왔다. 사진 속 주인공들은 꼬치구이를 만드는 모습이다. 한 장 한 장 속마다 최선을 다해 만들고 그 옆에서 만드는 과정을 유심히 관찰하는 공통된 사진들이다.

"무슨 사진이요?"

"발달장애인 요리 수업 중입니다."

발달장애인을 위한 주간 활동 프로그램의 일부 수업이란다. 궁금증이 풀렸다.

만들고 있는 모습을 지켜보는 분은 선생님들이다. 중증

重症인 듯 선생님이 손을 잡고 꼬치에 음식 재료를 꽂아 주는 모습도 보인다. 남들은 꼬치 만들기에 열중이건만, 덩치 큰 젊은 친구는 위생장갑만 만지작거리는 모습이 잡혔다. 선생님이나 학생 모두가 꼬치 작업에 몰입하는 모습이 참으로 진지해 보였다. 반사적으로 흐뭇한 웃음이 머금어지며 내가 할 일이구나 하는 생각이 뇌리에 박혀 버린다. 급식 봉사를 통해 그들에 대해 조금은 알고 있는지라, 요리 수업쯤이야 어렵지 않다고 생각했다. 왜, 내가 이 생각을 못 했을까? 나는 자책할 틈도 없이 핸드폰 자판을 눌렀다.

"여 이사님! 제가 학생들을 가르쳐 보면 어때요?"

"셰프님이 수업한다면 다들 좋아할 겁니다. 근데, 일반 학생들 수업하고는 다르게 메뉴를 구성해야 따라올 겁니다."

무슨 뜻인지 알 것 같았다. 그들의 안전은 물론 복잡함을 피하고 단순한 난이도를 구성해야 할 상황이다. 고심한 끝에 불을 사용하지 않는 샌드위치로 메뉴를 선정하고 다음 주에 수업하기로 했다.

호텔에 출근하여 아침 행사를 마치고 재료 준비와 장비를 챙긴다. 점심 행사 일정 때문에 왕복시간과 수업 시간을 두 시간 소요로 끝내야 해서 마음이 촉박해진다. 도로변에 드문드문 서 있는 목련 나뭇가지마다 하얀 꽃망울의

탱탱한 자태가 눈에 들어온다. 자연의 아름다움이 갈 길 바쁜 나의 마음을 추스르니 살짝 마음의 여유를 찾는다.

막 사무실을 들어서는 찰라 병근이는 나를 보자마자, "최 셰프님 반가워요."라고 달려오더니 와락 껴안는다. 예전 급식 봉사 때 만나 나에 대한 기억을 또렷이 잊지 않고 있다. 병근이는 이곳에서 4시간 정도 허드렛일을 도와주며 급여도 받고 있는 경증장애인이다.

자폐아 증상이 있는 잘 생긴 우영이는 혼잣말로 오늘 수업이 무엇인가 아는지, "요리, 샌드위치"를 반복적으로 중얼거린다. 그리고 가끔은 손을 허리춤에 얹기도 하고 오른손을 올리며 허공을 응시하고 자기 세계에 빠져 알 수 없는 말만 되풀이하더니 갑자기 펄쩍펄쩍 뛰어다닌다. 어렵사리 선생님의 통제로 제 자리를 잡는 우영이.

의자에 다소곳이 앉아 있는 정민에게 다가가서 "안녕." "안녕." 그는 또다시 인사를 건네도 듣는 둥 마는 둥이다.

깔끔하게 정리된 테이블에는 도마와 칼이 간격을 두고 주인을 기다리고 있다. 식재료를 손질하여 접시에 담아 각 자리에 배분하여 수업 준비를 끝냈다. 시간이 되자 하나, 둘 모이기 시작하더니 금세 자리를 다 메꿨다.

문제는 주위가 산만하고 집중력이 떨어진 분위기를 어

떻게 이끌고 가야 할지 난감해진다. 이쯤에서 여 이사가 웃는 모습으로 시작하라는 언질을 주었다. 내가 웃는 모습을 지으며 찬찬히 인사말을 시작하자 찬물을 끼얹듯 한 분위기다. 다행히 여느 때와 사뭇 다르게 모두 나에게 시선을 고정한다. 중간중간에 선생님이 배치되어 보조 역할을 해준다. 나의 선행先行에 따라 모두가 서투른 손동작이지만 무리 없이 잘 따라 준다. 삶은 계란 껍질을 벗기는 과정에서는, 수저를 이용하면 껍질이 잘 벗겨진다며 시범을 보이자 대단한 거라도 발견한 듯 환호성과 감탄을 자아낸다.

그러나 한 젊은 여선생님은 왜 수저로 벗기냐고 질문한다. 나의 부연 설명에도 "왜, 그렇지?" 하면서 세 번에 걸쳐 되물어본다. 그녀의 행동이 나는 무척 궁금했다. "저기 여선생님은 요리에 관심이 많은가 봐요?"라고 여 이사님에게 물어보니 속삭이듯 "경증 장애인입니다"라는 말에, 나는 감쪽같이 속은 기분이다.

샌드위치는 두 세트 만들어 하나는 본인이 시식하고, 하나는 포장하여 부모님께 드리게 했다. 각자가 만든 샌드위치를 한입 물고 환하게 웃는 그들의 모습에서 그간 그들에 대한 나의 모든 편견에 사정없이 균열이 생긴다.

장애를 갖고 태어나고 싶은 사람은 세상에 아무도 없을 것이다. 장애라는 이유로 색안경 끼고 볼 필요는 더더욱 없다. 몇 년 전 급식 봉사(햄버거 스테이크)때 내가 만났던 서현 학생이 생각난다. 나에게 감사의 뜻을 카드에 담아 준 손 편지는 감성이 여린 여느 소녀들과 다를 게 없다. 그녀는 노래도 곧 잘하여 합창단원으로 활동하며 행사공연도 많이 다녔다. 그들에게도 자기만의 잠재력이 있다. 단지 발견하지 못할 뿐이다. 자신만의 잠재력을 갈고닦는다면, 훗날 〈포레스트 검프〉가 될 수 있는 인물이 나오길 바라며 수업을 마쳤다.

술이 남긴 상처

　　　　술이야말로 진정 우리 인생의 멋과 낭만을 남겨주는 것일까? 술이 없는 세상은 어떨까? 아마 애주가에게는 사형선고와도 같겠지? 때론 술로 인해 패가망신敗家亡身하는 경우가 종종 있다. 술의 유혹은 쉽사리 뿌리치기가 싶지 않을 것이다. 그래서 알코올 중독으로 인하여 고생하는 가족들을 주위에서 심심찮게 본다. 나 역시도 술에 대한 트라우마가 많은 건 사실이다. 술은 양면성을 갖고 있기에 잘 마시면 약藥이 되지만 더러는 독毒이 되므로 잘 다스려야 한다.

한 잔 술에 떠오른 얼굴
두 잔 술에 지워버렸다
가슴에 남아있는 흘러간
이야기 이젠 잊어야지
상처주고 떠났지만
마음이야 아프겠지
가버린 사람 생각해서 무엇해
술잔에 눈물만 고이는데

대중가요 중 윤수일 씨가 부른 '추억'의 가사가 말해 주듯 가버린 사랑을 한잔의 술로 표현한 술은 많은 사람과 희로애락을 함께 해왔다.

예전에 술을 전혀 마시지 못하여 술병 근처만 가도 얼굴이 홍당무였던 친구가 있었다. 평상시 친구들과 술판을 벌이고 있으면 늘 안주발 세우기에 바빴다. 그는 친구들의 눈총을 자주 받았지만 아랑곳하지 않고 안주만을 고집했다. 어느 날인가 그 친구는 진한 홍당무 얼굴로 알코올 냄새가 진동한 상태가 되어 왔다. 본래 내성적이던 그는 여자 친구와 이별의 충격에 못 먹는 술로 마음을 달래려고 한잔 한잔 마시며 취했던 것이다. 그날 이후 사랑 타령에 자주 술을 접하더니 이제는 곧잘 마시는 술꾼이 되었다.

술은 아픔과 상처를 어루만져 주는 경우가 있지만, 중독성이 있기에 한번 잘못 길들여지면 돌이킬 수 없는 알코올 중독으로 신세를 망칠 수도 있다. 지금은 술병 상표에 미성년자에게 판매금지 표기를 법으로 규정지었고 판매도 하지 않는다.

그러나 나의 사춘기 시절에는 고등학교 교복을 입고도 술을 살 수 있었다. 당시 사회는 판매에 제약制約받지 않고 손쉽게 사서 마실 수 있어 술에 대해서는 조금은 관대하였다. 초등학교 때는 아버지 술 심부름으로 막걸리 주전자에 입을 대고 홀짝홀짝 몰래 마셨던 추억을 기성세대는 한 번쯤 경험해 보았을 것이다. 그래서 나는 어린 나이 때부터 술과 가깝고 빠르게 적응을 할 수 있었다.

술은 나를 세상 요지경 속으로 끌어들이고 말았다. 본시 어른들께 주도酒道를 제대로 배워야 하는데 친구들과 술을 마시고 '꽐라*'가 되면 기고만장하고 영웅호걸이 되어 안중에는 법도 없었다. 그래서 인과관계에서 크고 작은 충돌과 방탕한 생활이 끊이질 않았다.

컴컴한 밤 술에 만취해 걷고 있노라면, 아스팔트가 벌떡 일어나 얼굴을 때리거나 전봇대가 나의 머리를 사정없이 쥐어박았다. 밤새 전봇대를 부여잡고 씨름하다 보면 지쳐서 잠들곤 했다. 아침에 일어나보면 영광의 상처가 몸에 새겨지고 밤새 도깨비에 홀린 듯 했었다. 어제의 기억을 살리려 뇌를 짜내도 '블랙아웃'된 상태로 곤혹을 한 바탕 치루고 기억은 되살아나지 못했다. 술에도 주도가 있다. 술을 마시는 요령인 셈이다. 도수가 낮은 술로 천천히 입가심으로 시작해야 하는데, 처음부터 도수 높은 술로 빠르게 마셨더니 으레 혼수상태가 되어버리는 잘못된 술버릇이 화근이 된 것이다. 그래서 다음날에는 하루 종일 '시체놀이*'를 하느라 등짝이 마비되는 날이 종종 있었다. 아무튼, 술은 짊어지고는 못 가도 뱃속에는 담고 간다는-술에 대한 나만의 철학이 있었다. 하루도 빠짐없이 274일 술과 함께한 진기록을 써나갔던 나의 20대 후반의 시절은 생각만 해도 진저리가 난다. 이제는 술을 끊었다, 라기보다는 안 마신다고 하는 것이 맞다.

 술은 앞서 말했듯 중독성이 강하여 장기간 안 마시다가 한번 입에 대는 순간 되풀이되는 악순환을 주위에서 자주 보았다. 또한 내 경험상 술을 줄이면서 끊는다는 건 불가능하다. 한 번 술을 입에 대는 순간 걷잡을 수 없는 유혹에 술이 사람을 먹게 되는 반복된 습관이 오기 때문이다. 술은 단칼로 무를 자르듯 단번에 끊어야 한다.

나는 어머니하고의 약속을 생각하며 2홉들이 소주 3병과 새우깡 한 봉지를 사서 뒷산에 올랐다. 30여 년간 함께한 술이란 존재가 나에게는 어떠한 영향을 주었는지? 하고 자문자답自問自答을 해보았다. 지속적으로 술과 같이하다가는 불혹不惑의 나이도 넘기지 못하고 인생 패인이 될 거라는 결론에 도달하게 되었다. 결국은 마지막 3병을 비우면서 결단을 내렸다. 그날 나는 파란만장한 술에 대한 상처와 유혹을 산에 꽁꽁 묻어버리고 내려왔다.

그러나 술의 유혹에 어둠의 그림자가 언제 올지 불안한 마음으로 흔들린 적도 있었다. 학창 시절의 친구들을 만나면 모두 한결같이,

"야, 그 좋은 술을 이제 안 마시면 무슨 재미로 세상을 사나?"라고 한마디씩 던진다. 그러면 나는, "글 쓰는 재미로 산다네."라고 대답하니, 다들 동공을 커다랗게 뜨고 바라보았다.

돌이켜보면 술과 함께할 시간은 할 만큼 했다. 앞으로 남은 인생을 문학과 더불어 산다면 지적인 삶이 되지 않을까? 하나님께서는 나에게 못된 것을 거두어 가시고 숨겨진 재능을 찾게 해주셨다. 그에 합당한 달란트를 주심에 매우 감사하게 생각한다. 올해로 술과 이별한 지 15년, 그럼

나는 이제 술을 끊었다고 볼 수 있지 않을까?

*꽐라 : 술에 잔뜩 취한 상태
*시체놀이 : 한때 아이들이 죽은 척하던 놀이

올해 딱 육순이니 이제는 덤으로
산다 생각하고 늘 감사함으로 나보다
남을 위해 사는 것도 괜찮듯 싶다.

03 덤으로 사는 나날

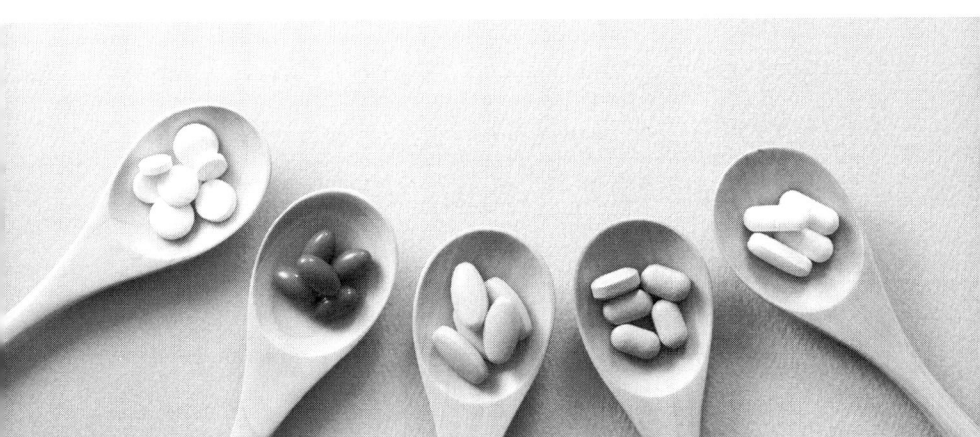

점占

　　사람들은 새해를 맞이하면 불투명한 자기자신의 신년운세에 관심을 갖는다. 집안에 벌어질 큰 행사(결혼, 사업. 취업, 진급. 이사 등)를 앞두고 자기방어의 최선책으로 점집을 찾게 된다. ○○신당, ○○도사, 애기보살, 철학원, ○○법사 등등 오만가지 이름으로 붙여진 간판이 즐비한 그 곳에서 펄럭이는 백, 황, 홍색 깃발을 보면, 점집이라는 것을 알 수 있다. 어릴 적 우리 집 또한 집안 내력이 무속신앙인 탓에 새해만 되면 아버지는 어린 나를 포함한 가족 모두에게 점집에서 떼어온 토정비결을 주면서 한 해의 길흉사에 조심할 것을 강조하셨다. 내가 고등학교 시절

사춘기로 인한 방황이 심할 때는, 이런 일도 있었다. 어머니는 얼마나 극성이셨는지 나의 몸속에 들어있는 못된 귀신을 물리친다며, 내게 부적을 태운 재를 냉수에 타 마시게 하였다. 헝겊에 부적을 넣고 실로 꿰며 베게 속이나 교복 안주머니에 넣어두기도 했다. 그뿐 아니라 재앙을 막고 귀신을 쫓겠다고 집안 곳곳에 빨강 상형 문자 모양의 부적을 여러 곳에 다닥다닥 붙였다. 그러나 그 시절에는 옛날부터 전해 내려오는 풍습대로 누구나 무속신앙에 대하여 거부감 없이 받아들였던 것이다.

고종사촌 누님은 나에게는 어머니 같은 분이다. 큰딸 현수는 나보다도 한 살이 더 많으니 틀린 말은 아니다. 팔순이 넘으신 지금도 알뜰하게 나를 챙긴다. 사위들이 인삼 보약을 지을 때면 내 것까지 꼭 챙기며 안부 전화도 꼬박꼬박 하셨다.

늘 하시는 말씀이 "나는 잘 있으니 동생 건강 잘 챙기고 올케는 잘 있지?" 특별한 대화는 아니지만 누님은 이렇게라도 늘 안부를 전하셨다. 1남 5녀 자녀를 둔 딸부자 집이다. 누님은 딸이 대학을 졸업하자마자 딸의 의사와는 전혀 상관없이 오로지 누님의 뜻으로 신랑감을 골랐다. 그리고 지인들의 소개를 받더라도 누님만이 가시는 점집에서 꼭 사주 궁합이 맞는 사람과 결혼을 시켰다. 요즘 세상의 젊은이들에게는 말도 안 되지만, 큰딸을 비롯한 모든 자식이 부모님의 말씀이라면 순종하며 모범생으로 성장했기에 가능했던 일이라고 생각한다.

그런데 사주를 보고 혼사가 결정된 이후에도 누님께서는 은근히 걱정스런 모습이었다. 사주 궁합으로 중매결혼을 시킨 조카가 점쟁이 말대로 행복한 결혼생활을 하게 될 것인가? 하는 걱정과 항상 부모에게 말없이 순종적인 딸이 너무 안쓰러운 탓이었을 것이다. 결국 누님은 경기도 수원에서 큰딸의 약혼식을 잘 치루고, 대전으로 내려오는 열차 안에서 딸에 대한 걱정과 미안함에 엄청 우셨다는 것이다. 그러나 모든 게 기우杞憂에 불과했다. 그 후에 사주 궁합대로였는지 몰라도 큰 조카가 결혼생활에 만족하며 잘 사는 모습을 보고 대단히 흡족해 했다. 누님은 다른 조카들 역시 사주 궁합을 보고 중매로 결혼시켰다.

총각이던 나의 결혼 이야기가 집안에서 오고 가고 있을 즈음에도 그랬다.

"동생, 생월생시 좀 일러줘, 내가 잘 아는 점집 있으니."

누님은 당신 자녀의 결혼을 시킬 때처럼, 나에게도 지금의 아내가 된 아가씨에 대한 사주 궁합을 보려고 했다.

"○○띠, ○월 ○일 ○○시 라네요, 누님!"

"동생! 동생한테 ○○띠이면 괜찮을 거 같은데…."

궁합이 안 좋다는 말보다는, 왠지 조금이나마 안도의 힘이 된 나는 기분이 좋았다.

"올케 될 사람이 동생에게는 귀인이라네."

"누님! 어떤 뜻이죠?"

"살면서 동생을 도와주는 귀한 인연이라네."

고백하건대, 꼭 그래서 그런 것만은 아니었지만, 누님의 귀띔에 내가 결혼을 결심하게 된 것 같았다. 아내도 나와의 궁합을 가끔 언급한다. 어려웠던 환경에서도 오로지 믿고 따라 주었고 늘 나의 편에서 힘이 되어 나에게 날개를 달아준 거는 맞는 것 같다. 그래서 아내의 조력助力에 늘 감사하게 생각한다.

나의 영혼이 하나님을 영접한 지금에야, 점집이고 부적은 나에게선 떠나고 없다. 지금도 많은 사람이 운세와 운명을 영매靈媒가 좌우하는 말 한마디로 흔들리는 것일까? 과연 우리의 인생을 굿과 부적에 맡겨야 할지 한번 쯤 생각해본다. 인생을 그 사람들의 말 몇 마디와 운명론으로 치부하기엔 회피성 같은 느낌이 든다. 자신의 인생은 스스로 극복하고 개척해 나가야 하지 않을까? 생각한다.

웃으면 복이 와요

텔레비전이 귀한시절에는 이웃 용만네 집에서 늘 눈동냥으로 텔레비전을 시청하였다. 1970~80년도 엠비씨 티브이 〈웃으면 복이 와요〉라는 주간 1회 방영이었던 코미디프로그램이 제일 기억에 남는다.

그 당시에 문화적으로 누릴 수 있는 최대의 볼거리였다. 많은 희극배우 중에 비실비실 배삼룡은 그 시대 단연 독보적인 존재였다. 어수룩한 캐릭터의 하나하나 행동거지에서 나오는 코믹은 누구나 한 번 보면 배꼽이 빠지도록 웃게 만들었다. 먹고 사는 게 어렵고 고단하던 시절 온 국민을 텔레비전으로 모이게 하여 요절복통 웃음의 천국을 가져

다준 웃음 천사 제조기었다. 한 주 후가 늘 기다려지면서, 너도 나도 배삼룡 따라 하기에 바빴다. 말 그대로 비실이 배삼룡 자체는 웃음이었던 시절인 셈이다. 그는 많은 사람의 희망이자 피로를 풀 수 있는 청량제와도 같았다.

웃으면 복이 온다는 말이 있듯이, 웃음은 부정적인 생각을 멈춰줘 긍정적인 생각을 하도록 도와준다고 한다. 나쁜 일이 있어도 억지로라도 웃으면 기분 전환이 된다고 한다. 한때 여자가 웃음이 헤프면 조신하게 보이지 않는다고 금기시하고 자제를 하던 시절도 있었다. 요즘처럼 스트레스 많고 각박한 세상에 웃는 얼굴은 자신과 남에게도 건강에 좋은 보약이라는 인식으로 많이 변해가고 있다.

남·북 군사적 대치 상황이 심각하여 전방 지역에 검문검색이 강화되었다. 강원도 하조대 해수욕장을 가던 고등학교 여름방학 때 삼팔선 휴게소 검문소에서 검문검색이 있었다. 건장한 헌병이 버스에 오르더니,

거수경례와 함께 "잠시 검문이 있겠습니다." 구령한 후, 좌석에 탄 승객들 위아래로 살펴보며 의심스런 사람에게는 소지품이나 신분증을 요구했다. 헌병은 친구들과 뒷좌석에 앉은 우리에게 다가왔다. 거수경례를 하더니 친구들 옆으로 살펴보며 나에게 시선이 멈췄다. 나에게 신분증 제시

를 요구하는 것이다. 주민등록증이 없었던 나는, 버스에서 내린 후 초소에서 신원조회를 받고 문제없음에 버스를 다시 탈 수 있었다. 나는 그 후에도 검문과 신원조회를 몇 차례 더 받았다. 잦은 검문으로 조사를 받자, 친구 녀석은 나를 '범죄형'이라고 놀려댔다. 생각해보니 학창 시절 나의 얼굴은 늘 불만투성이의 웃음이 없는 인상파 소년이었다. 자라온 환경과 자아 발달이 덜 성숙했던 탓이다.

나와는 정반대로 아내는 누구를 만나더라도 항상 웃음을 달고 있다. 처음 만나는 사이인데도 다정한 웃음을 지을 수 있는 비결이 무엇인지 아내에게 물었다. 그녀의 답변은 이랬다. 아내는 가정 형편이 어려운 탓에 부모님이 학교에 단 한 번도 와본 적이 없었더랬다.

잘 사는 친구들의 부모님이 학교에 다녀가시면 선생님은 그 친구를 대하는 관심과 태도가 달라졌다고 했다. 특히나 초등학교 5학년 반 편성되던 학기 초 담임 선생님께서 아이들 사이에 "돈벌레"라고 공공연하게 불렀기로 아내는 큰 기대를 하지 않았다고 했다. 경제적으로 좀 여유 있게 산다는 엄마들의 치맛바람이 영향을 주는 시대였지만, 중학교 때부터는 온전히 자신이 스스로 인생을 만들어가야겠다는 생각을 했다고 한다. 자신이 어떤 모습을 만들면 좋을까? 라는 궁리 끝에 돈이 드는 일도 아니고, 시간이 필요한 것도 아닌, '미소' 즉, 웃는 얼굴이 생각이 났단다. 그 순간부터 아내는 먼저 '웃음 띤 얼굴을 보이자'라고 마음을 먹고 웃는 얼굴과 미소 띤 얼굴로 거의 매일 거울을 보며 연습하고 노력했다고 한다. 학교생활에 자연스레 웃는 얼굴로 변했고 그 후 학교에서 자주 선생님의 신망을 받았다고 했다.

가진 것 없고, 부모님의 배경이 없는 요즘 말로 흙수저였다. 그래도 아내는 어린 나이에 금수저 친구들을 부러워하지 않았다. 자신의 인생을 스스로 만들어 보자는 생각을 실천으로 옮겼던 것이다.

늘 웃음 짓는 아내의 선택과 실천의 얼굴은 훗날 자신만의 값진 재산이었던 셈이다. 지금은 적성에 맞는 직장에 근무하면서 다양한 계층의 사람을 만나지만, 늘 미소 짓는 모습으로 상대를 편하게 대했다. 그래서 한번 만나는 사람들은 아내를 잘 기억하는 모양이다. 이 모든 게 어려운 환경에도 중학교 때의 작은 깨달음 덕분인 것 같다. 때론, 미소는 감정 표현 중에 자신의 신뢰를 얻는 최대의 무기이다.

한자 성어 중에 '일소일소 일노일로一笑一少 一怒一老' 하루

한 번 웃으면 수명이 이틀 늘어난다는 말이 있다. 우리 모두 하루에 한 번 웃는 걸 실천해보면 어떨까?

덤으로 사는 나날

　　나는 30대부터 유독 건강에 대하여 예민하게 받아들였다. 몸이 으스스한 한기를 느끼면 쌍화차와 감기 몸살약부터 찾았다. 소화가 안 되고 더부룩하면 소화제는 필수이고 위내시경까지 촬영해본다. 허리 통증이 이삼일만 지속되면 곧장 CT 촬영을 하는 등 약과 병원 의존 증상이 있다. 좋게 말해 더 큰 아픔이 재발되는 것을 방지하는 차원에서라고 에둘러 표현하지만 나는 작은 몸의 변화에도 예민한 반응을 보여 왔다. 지금은 정상 혈압이나 오진으로 20년 전에 혈압약을 한 달간 복용하는 과오로 뇌출혈 보험상품에 가입할 수 없는 해프닝도 겪었다. 건강에 대한 불안감에 인간의 나약함을 보인 듯싶어 내 자신이 싫어질 때도 있다. 그러니 늘 자신과의 갈등으로 전쟁을 치루지 않을 수 없다.

약이란 사람의 체질에 따라 다르다 보니 양면성이 있어 부작용도 무시할 수 없다. 그래도 나는 약에 대한 유혹에 지배당하여 약의 노예가 되어 가고 있었다.

어릴 적에 가정 상비약인 빨간 '옥도징끼'는 집집마다 한 병씩은 비치해 두었다. 상처가 나면 무조건 약솜에 묻혀서 상처 부위에 발랐고, 벌레에 물려도, 종기가 나서 고름이 생겨도 오로지 빨간약이었다. 아이들이 배가 아프다고 하면 뱃가죽에도 찍어 발랐을 정도였다. 물론, 지금 생각하면 웃지 못할 일이지만 그 당시에는 만병통치약으로 통했다. 상처 부위에 따라 개발된 약의 부족함도 있지만 지금 생각해보니, 빨간약의 효능은 궁색한 위안의 '플라시보 효과'가 아니었을까?

미술 작품중 모나리자 그림은 세계 최고 가치(40조 원)로 기네스북 측에서 추정하고 있다. 프랑스 루브르박물관의 극진한 대우를 받고 있지만, 이보다 모나리자의 진가는 1911년 8월에 발생한 도난 사건 때문이란다. 도난을 당한 지 2년 반만에 박물관으로 돌아온 후 수많은 관람객이 몰려오면서 특별공간에 전시되어 최고의 작품으로 급부상하였다고 한다. 오래된 물건은 오래되면 될수록 값어치가 상승하여 귀중한 재산 가치로도 인정받는다.

그러나 우리 건강은 모나리자 작품과 다르다. 한번 건강을 잃으면 복구하기 힘든 생명체 구조이다. '죽으면 그만이지'라고 쉽게 말하지만 의지대로 되지 않는 게 목숨이다. 늘 원치 않는 질병이 우리 삶에 서서히 온다. 그래서 우리를 불안하고 힘들게 하고 있다. 이순耳順이 되는 길목에서 누구나 느껴지는 '메디컬리제이션' 증상이 서서히 온다.

60년 쓴 기계는 노화로 여기저기 수리하다 보니 본 모습은 어디 갔는지 없어진다. 나의 신체 또한 부모님이 겪고 지나간 자리를 이제 내가 걷고 있다. 아침 이부자리에서 일어나는 속도가 더디어지고 지인들의 부고 소식을 자주 접하니 마음까지 위축된다. 어릴 적엔 세월이 왜 이리 더디게 흘렀는지.

요즘엔 자고 일어나면 저녁이 화살처럼 빠르게 찾아오고, 흐르는 물처럼 빠른 것이 세월인 걸 새삼 느낀다. 몸 여기저기서 경고신호가 오기 시작할 즈음 나의 생활도 조금씩 달라지기 시작했다. 아침에 밥보다 이 약 저 약을 챙겨 먹기 시작하고 징검다리로 오전 오후 일정은 이 병원 저

병원을 기웃거리는 일이 하루의 일과처럼 되어가고 있다.

옛날 노인들이 말하는 '늙으면 죽어야지!'라는 말을 이제 실감하게 된다. 걸어 다니는 자체가 위험한 요소이다. 혹여나 한 번 넘어져 누워버리면 멀쩡하던 노인도 수개월 못 되어 사망에 이른다. 낙상으로 인한 노인 사망이 어떻게 보면 만성질환보다 더 무섭다고 말한다. 그리고 보면 노인으로 산다는 건 위험한 지뢰가 이곳저곳에 설치된 곳에서 사는 삶이다. 사람은 오래 살수록 대우받지 못하고 천덕꾸러기 신세로 전락한다. 하물며 짐승들까지도 어린애, 노인을 알아보고 얕잡아 본다.

앞으로 100세 시대이니 하는 말도 질적으로 건강하게 사느냐가 중요하다. 노화로 인한 아픔의 고통에서 살아간다면 그리 반갑지 않다. 하루 삼시세끼 먹을 수 있는 힘만 있어도 감사하다는 말이 요즘 들어 부쩍 피부에 와 닿는다. 건강은 누구나 보장할 수 없다는 사실을 잊지 말아야 한다. 나도 언젠가는 반드시 죽는다는 이 사실을 부정할 수는 없다. 누구나 죽는 그날까지 고통스런 삶보다 자는 듯 눈 감을 수 있다면 그보다 행복한 바람이 어디 있을까. 통계에 따르면 내가 태어난 해에 평균수명이 60세도 안 되었다. 올해 딱 육순이니 이제는 덤으로 산다 생각하고 늘 감사함으로 나보다 남을 위해 사는 것도 괜찮듯 싶다.

돋보기

나이가 들수록 늘어나는 건 병원 왕래 횟수와 약봉지가 늘어난다는 말이 있다. 중년으로 오면서 나의 신체에 노화의 이상 증후가 가장 먼저 찾아온 건 노안이다. 나의 시력은 우측 1.5 좌측 1.2로 남들보다 비교적 좋은 시력을 유지하고 생활했었다. 그런데, 40대 중반이 되면서부터 갑자기 서류의 글씨가 잘 보이지 않더니만 조그만 한 약통의 상표 내용조차 아예 보이지 않기 시작했다. 나는 처음에 노안이 온 것이 늙어가고 있다는 사실에 받아들이기 무척 힘들었다.

옛 어른들이 시력이 좋은 사람일수록 노안이 빨리 온다는 말이 맞는 건지, 아무튼 불편을 해소하기 위해 할 수 없이 1.5 도수의 힘들고 어색한 돋보기 안경을 착용하여 책과 컴퓨터를 보는데 불편하지 않은 것으로 만족해야 했다. 그렇게 10여 년 동안 잘 사용하던 돋보기가 갑자기 뿌연 안개가 내리듯 좀처럼 글씨가 보이지 않는 시련이 오니 놀라지 않을 수 없었다.

며칠 전, 출장 업무차 호텔에 투숙하였다. 아침에 일어나 칫솔질을 하려고 욕실 세면대에 정리된 튜브 3종 중 치약을 찾았다. 희미하게 보인 알파벳 글자뿐이다. 그중 하나를 눌러 짜보니 하얀 액체가 나온다. 칫솔에 바른 후 좌·우로 양치질을 시작하였는데, 어떻게 된 셈인지 미끈미끈하고 치약에서 나오는 거품이 나지 않았다. 하던 양치질을 멈추고는,

"이게 치약 아니냐?"고 함께 온 젊은 직원에게 물어보았더니

"히히히, 부장님! 이거 로션입니다."라는 대답을 듣고, 순간 맥이 빠지면서 웃어야 할지! 울어야 할지! 몰랐다.

시간이 지날수록 왼쪽 눈이 더욱 심하게 보이질 않아 안과를 찾았다. 이곳은 항상 많은 환자로 번호표를 뽑아 대기해야 했다. 안내 방송의 지시에 따라 시력검사와 엑스레이

촬영 후 1시간 정도를 기다려 담당 의사를 만났다. 모니터를 훑어보시던 의사 선생님은

"황반변성 증상입니다."라고 말씀하신다. 나는 생소한 단어에 "그게 뭐죠?"

"노화로 시력이 저하되어 치료가 늦어지면 실명될 수 있습니다."

갑자기 나의 머리가 복잡해져서 "치료할 수 있다."는 긍정은 없고, '실명'이라는 부정의 말에 강한 임팩트만 남는다.

"어떠한 치료를 하나요, 선생님?" 내가 다급하게 물어보자,

"월 1회에 걸쳐 주사 약물치료와 3달 정도 약 복용을 하면서 결과를 지켜봐야죠."

처치실에 들어서니 밝은 수술조명이 비쳐지고 하얀 천이 눈 주위를 덮으며 마취제 서너 방울이 떨어진다. 주사 바늘이 각막을 통과하여 액체를 뿜어댔다. 연기가 눈에 들어가 쓰라린 것같이 눈의 통증이 오면서 하염없이 눈물이 흐른다.

"한 달 후 오늘처럼 똑같은 주사 약물 치료가 있고 한 달분 약 처방 있습니다."

간호사 선생님이 진료 날짜와 처방전 용지를 준다. 주

사약 치료로 앞의 사물을 구별 할 수가 없어 한동안 눈을 감고 안정을 취한 후 귀가하였다. 나는 3개월간 같은 방식의 불편한 치료를 하면서도 평생을 지속적으로 관리해야 한다고 하니, 적지 않은 당혹감이 들었다. 정기 검사를 하고 나면 선생님의 진료 결과를 기다리는 시간은 늘 초초함에 머리가 복잡하다. 이제는 체념할 때도 됐건만, 돈보기 도수도 1.5 수준에서 이제는 2.25 도수를 올려야 그나마 글과 컴퓨터를 읽을 수 있다. 세월이 흐르면 더 높은 도수를 써야할 것 같다. 잘 보이지 않는 불편함을 체념하기 시작했다.

어린 시절 어머니가 바느질을 하실 때면, 으레 내게 바늘귀에 실을 꿰는 걸 시켰다. 그때 어린 마음으로 '왜? 어머니는 이 쉬운 바늘귀 구멍을 못 찾는 걸까?' 생각했었다. 지금 생각해보니 어머니도 내 나이쯤 노안이 시작되셨던 모양이다. 노안과 돋보기는 나와 먼 거리에 있는 줄 알았는데 이미 내 근처에서 서성거리고 있다.

요즘 나의 사무실, 책상, 승용차 안, 집 식탁, 허리띠 춤에는 항상 돋보기가 비치되어 있다. 이런 불편함도 이제는 시나브로 적응해 가고 있다.

어느 날 눈에 충격받은 적도 없는데 시선을 돌릴 때마다 날파리 같은 이물질이 왔다갔다 떠다니는 듯한 느낌에 놀랐다. 노화 증상이 진행되고 있단다. 눈의 유리체에 아지랑이 현상인 비문증飛蚊症이 발생하는 것이란다.

 그 후 나는 눈 보호차원에 매일 잠 들기 전 따뜻한 마사지와 루테인을 복용하기 시작하였다. 그리고 어두운 곳에서 스마트폰 사용을 줄였다. 눈의 피로를 풀기 위해 녹색 천을 벽에 설치하여 자주 바라보는 눈 운동을 하였다. 눈 관리를 위해 식습관, 자외선 등 소소한 것에서부터 관리를 시작하게 되었다. 나이가 들다보니, 누구에게나 찾아오는 거부할 수 없는 서글퍼지는 노안을 겸허히 받아들일 수밖에 없다.

작은 거인

새로운 호텔로 옮긴 지 한 달이 되었다. 새로운 환경에 적응하는 하루가 눈코 뜰 새 없이 바쁘던 어느 날이었다.

"ㅈ대학교 김ㅇㅇ교수입니다."

가냘프면서 청량한 여성의 목소리가 귓가에 들어왔다.

"예, 왜 그러시죠?" 바쁜 일정으로 나도 모르게 짜증 섞인 말투를 던졌다.

"찾아뵙고 인사드리겠습니다."라며 저쪽은 일방통보 하듯 말을 던졌다. 정신없이 바쁜 내 사정도 모르고 온다고 하니, 나는 당황스럽고 어이가 없었다. 이틀 후 김 교수는 나의 사무실을 방문하였다. 예전부터 호텔과 ㅈ대학교 간 상호협력 관계이다 보니 책임자인 내가 새로 부임했다고 인사차 들린 것이다. 요지는 이번 여름 방학 때 산학실습생을 좀 많이 받아줄 것과 앞으로 학생들의 취업까지 부탁한다는 것이다.

그렇게 나와 김 교수의 인연이 시작되었다. 한 해 두 해를 겪어보니, 극성스러울 만큼 가르치는 열정과 제자 사랑이 참 교수라는 생각이 들어 마음의 문이 조금씩 열렸다. 자연스레 다른 학교 학생들보다도 김 교수의 제자들에게 한 번이라도 더 마음이 갔다. 실습이 끝나고 돌아가면 학생들이 구전口傳으로 나의 요리에 대한 열정을 알았다며 감사의 메시지를 보내곤 했다. 한 해가 거의 저물어갈 12월 중순 김 교수로 부터 다급하게 상의드릴 것이 있다는 연락이 왔다. 김 교수가 농림축산부에서 주관하는 "한식 세계화"라는 1년 연구과제 프로젝트 공모전 신청에 관한 자료를 들고 왔다. 이것과 관련하여 나의 의견을 듣고 싶어 했다. 마감 기일이 이틀 전이라 고심 끝에 나의 의견에 따라 신청하려고 했던 것이다.

나는 예전에 한식 메뉴인 '공간 전개형' 밥상을 중심으로 상 하나에 여러 음식을 담아 수저와 젓가락을 사용하여 식사하는 틀에서 벗어나, 서양식 '시간 전개형'으로 메뉴 작업을 구상해 놓은 걸 정리해둔 것이 있었다. 그중 메뉴 한 편을 보여주니 김 교수는 환한 미소를 지으면서, "언제 이런 메뉴를 개발했데요?"라고 흥분하며 가벼운 미소를 지었다. 그녀는 내가 전해준 메뉴를 바탕으로 이틀 꼬박 자료를 정리했고 ㅈ대학교와 공동으로 진행하여 무사히 등록했다. 28개 대학팀이 공모하였고 4개 팀을 선정하는 7:1의 경쟁률에 우리 팀이 선정됐다는 소식은 일주일이 지난 후였다. 1년간 연구 실적을 내어 결과 보고서를 수행하는 큰 사업이어서 24명으로 적지 않은 팀원을 구성하였다. 나는 우리 호텔직원 4명과 사계절 메뉴를 코스별로 작업하는 조리업무를 맡았다. '한국 약선 음식 상차림 메뉴' 일을 시작했을 때 나는 김 교수가 요구하는 사안을 명확하게 판단하여 메뉴 구성과 조리작업에 세밀한 부분까지 업무 처리를 깔끔하게 해줬다.

프로젝트를 좋은 실적으로 끝내고 나니 요리 트렌드에 새로운 변화의 길을 열 수 있게 해준 김 교수에게 오히려 감사한 마음이 들었다. 그 후 대학교의 약선요리 강의를 맡아 달라고 부탁받았지만, 바쁜 호텔 일 때문에 서울 후배를 대신 소개 시켜줬다. 그리고 해마다 방학 때가 되면 김 교수의 제자들은 내가 근무하는 호텔에서 현장 실습을 하였다. 나는 제자들의 취업 자리도 주선해 주었다. 김 교수는 내게 집안 오라버니 같다면서 힘든 학교생활도 허물없이 털어놓을 정도로 편하게 지냈다.

2016년 10월 24일이었을 것이다. 내가 무료급식 봉사활동을 하는 걸 알고는 대학교의 동아리반과 함께 봉사 제의를 해왔다. 금산에 있는 〈향림원〉보육시설에 수제 햄버그스테이크 점심 봉사를 하기로 하였다. 플래카드 시안까지 꼼꼼하게 의견 조율하여 제작하였다. 그런데 행사 당일 학교에 급한 일이 생겨 참석하지 못하게 되어 죄송하다는 말과 함께 제자들만 보내왔다. 나는 별다른 생각 없이 학생들과 남다른 경험을 쌓아 보람된 하루의 추억을 남기는 날이라 모두가 즐겁게 행사를 마무리 지었다. 봉사활동 내용은 지방 신문에도 자세하게 기사로 실렸다.

김 교수는 한동안 소식이 뜸하더니 새해 인사를 한다며 12월초 내가 근무하는 호텔로 찾아왔다. 그리고 한참 뜸을 들이더니, 투병 사실을 알려야 할 것 같다며 그간의 사정을 털어놓았다. 항암치료 때문에 봉사에 참여하지 못했던 이유도 알게 되었다. 학교도 휴직하여 앞으로 자주 연락드리지 못할 것이란다. 그녀는 오직 치료에 전념하겠노라고 말하였다. 나는 너무 놀라서 위로의 말조차 생각나질 않았고, 그녀의 말 한마디 한마디에 고개만 끄덕였다. 악수하고 돌아서는데 나는 혹시나 하는 마음에 김 교수를 불러서 호텔 로비에 세워진 크리스마스트리 장식 옆에서 함께 사진 촬영을 제안하였다. 살며시 떨리는 나의 손을 김 교수 어깨에 올리고 애써 편안한 모습을 지어 봐도 왠지 어색하고 슬픈 마음이 들었다. 뒤돌아가는 김 교수의 모습에서 난 예전처럼 그녀의 당당한 발걸음을 느낄 수 없었다.

투병 기간 동안 간간이 메시지를 보내와서 그녀의 근황을 알 수 있었다. 이듬해 가을에는 손뜨개질을 배워서 목도리를 뜨고 있었다. 내 것과 아내 것을 선물하고 싶다며 색상 선택까지 꼼꼼히 챙겼다. 그리고 꼭 10일 만에 완성한 귀여운 목도리를 예쁘게 포장하여 메모와 함께 보내왔다. 병마와 싸우는 힘든 와중에도 무엇인가를 해야 직성이 풀리는 사람이었다. 모든 일에 열정이 대단한 사람이라 곧 쾌차하리라고 굳게 믿었다.

그렇게 1년이 흘렀다. 연말이라 바쁜 시기인 12월 12일 나에게 한 통의 메시지가 날아 왔다. '실장님 김ㅇㅇ교수 남편ㅇㅇㅇ입니다. ㅇㅇ교수 건강이 매우 안 좋아 의식은 없지만 떠나기 전에 실장님께서 꼭 한번 보시는 게 좋을 것 같아 알려 드립니다. ○○교수를 위해 기도 많이 해주셨는데, 이런 안 좋은 소식 전해 드리게 되어 너무 죄송합니다.'

우려했던 일이 현실로 다가옴에 순간 숨이 꽉 막혀버리는 듯했다. 어떠한 행동도 취할 수 없었다. 김 교수와 함께 했던 모든 일들이 일순간에 멈춰버렸다.

서울아산병원 중환자실에 누워있는 김 교수는 내 눈을 의심케 했다. 심하게 부은 얼굴과 산소 호흡기에 의지하고 주렁주렁 매달린 이름 모를 약병들이 심각함을 말해주었다. 허망함에 나는 그녀의 손을 잡았다. 그리고 눈을 감고 생애 마지막이 될 기도를 드렸다.

그 후, 한 달 만에 그녀의 비보가 전해졌다. 국화꽃에 묻혀 있는 영정影幀 속 그녀는 너무나도 환하게 웃고 있는 모습이 아마도 편하게 하늘나라에 잘 도착했으리라 믿는다. 그녀가 남겨준 '항상 응원해주셔서 감사드리는 마음입니다. 따뜻한 겨울 되시고 늘 건강하시기 바랍니다.' 메모지에 적힌 보라색 펜 흔적을 보고 있으면 그녀의 환한 미소가 너무 그립다. 나는 올겨울도 그녀의 손길과 정성이 밴 목도리로 겨울을 준비할 것이다. _ 2021년 수필춘추 겨울호

소풍 가는 날

　　　여름 더위가 한풀 꺾인 얼마 남지 않은 8월 중순이다. 오늘은 즐거운 소풍 떠나는 날, 나는 이런 기분에서 지금도 한 달에 세 번은 나만의 소풍을 떠난다. 소풍날 아침부터 분위기 파악 못 한 여름비가 추적추적 내린다.

　비는 어린 시절부터 반갑지 않은 손님이다. 비 오는 날 등굣길에는 형제가 많은 탓에 늘 부족한 우산으로 전쟁을 치렀다. 그런데 오늘도 비가 내리니 문득 떠오르는 옛 시절 생각에 기분이 떨떠름하다. 마음속에 갈등이 고조된다. "누가 질투하는 거야! 젠장 꼭 수박냉면을 하는 날에는 이 모양이라니까." "그래도 기다리는 분들에게 펑크를

낼 수는 없잖아."

 매번 수박냉면 소풍날엔 훼방꾼 빗줄기 때문에 짜증스럽다. 8월의 마지막 소풍은 학하동의 〈심경장원〉으로 네번째 방문이다. 처음 방문할 때는 정신장애인 시설이라는 안 좋은 선입견이 있었으나, 한두 번 이어오면서 생각이 달라지고, 거부감도 점차 사라지게 되었다. 주로 기초생활수급자, 차상위계층, 일반인 등의 순으로 정신질환자(조현병)가 거주하며 프로그램을 통해 치료하는 곳이다.

 입구에 들어서니 우중충한 날씨에도 비문이 더욱 선명하게 보였다. '만약 내가 인생의 여행길에서 정신적으로 고통받는 외로운 사람들과 그 아픔을 조금이나마 함께 나누었다면 나는 헛되이 산 것이 아니다!' 라는 설립자가 남긴 비문에서 느끼는 평생 아름다운 사랑, 실천은 이 시대의 우리에게 잔잔한 감동과 배움이 된다. 개원 40년이라는 세월이 말해주듯 고스란히 남겨진 낡은 주방은 정겹게 보인다.

 어릴 적 어머니가 쓰셨던 스테인리스 주걱이 추억을 떠올리게 한다. 부뚜막에 붙여진 타일은 70년대의 중, 상류층 가정의 부뚜막을 연상시켜준다. 주방 한 가운데 타일 기둥에 커다란 문구가 붙어 있었다. '배식 시 주의사항. 모든 음식은 가능한 한 잘게 절단하여 배식한다. 돈까스,

생선까스 3cm, 탕수육 2cm, 김치 3cm, 오이 반달, 수박 2cmx2cm, 수육 3cmx4cm, 거봉포도 반, 토마토 참외는 얇게 등등… 어린이집 음식 조리 메뉴얼도 아닌데, 왜 저런 주의사항을 적어놨는지 궁금했다.

"영양사 선생님! 어린이집도 아닌데 왜, 배식 주의사항 내용이 붙어있죠?"

나의 물음에 알겠다는 듯,

"이곳에 있는 대다수 사람이 고령인데다가 치아 관리가 잘 안되어 식사하는데 불편하지 않도록 잘게 썰어 제공합니다."

오늘의 주메뉴는 수박냉면과 돼지수육이다. 돼지수육은 양념한 된장 물에 삶고, 김치와 바나나는 메뉴얼에 따라 작게 썰어 완벽한 준비가 끝났다. 우리는 소풍 매뉴얼에 따라 식사 준비가 끝나면 배식하기 전 회장이 구호를 선창하면 회원 일동은 합창하듯 따라 외친다. 결속을 다지고, 탈 없이 식사 제공이 잘 마무리되길 바라는 일종의 퍼포먼스이다. 면을 삶아 가위질하여 그릇에 정갈하게 담아주면 내가 개발한 '살얼음 수박 육수'를 부어 나갔다. 숙달된 회원들의 손은 기계의 부속품처럼 각자의 자리에서 착착 165여 명의 밥상을 한 치의 오차 없이 순조롭게 배식을 진행하였다. 처음 먹어 보는 시원한 수박냉면에 환우들과 직원들은 호기심의 맛으로 늦더위를 한방에 날렸다. 처음 접해보는 신기한 맛에 하나같이 찬사를 보내 줬다.

"자아라 먹슴다." "가사함다." 어둔한 말이지만, 나는 무슨 뜻을 표현하려는지 그들의 눈빛에서 알 수 있다. 우리 모임 평가는 마무리 청소가 중요하다. 간혹 다른 단체들은 미흡하게 정리하여 주관사 직원들의 눈살을 찌푸리게 한다. 우리가 사용한 기물이며 바닥의 물청소까지 깨끗하게 해줬다. 봉사는 시작도 중요하지만, 마무리가 더 중요하다. 나는 제136차 소풍도 이렇게 차질 없이 마칠 수 있었다. 누구나 어릴 적 손꼽아 기다리는 설렘에 잠 못 이루던 소풍의 추억이 있을 것이다. 나는 그래서 '봉사'라는 단어보다는, '소풍'이라는 단어에 정감이 간다. 소풍 가는 마음으로 즐겁게 음식을 만들고 삶의 감사함을 배울 수 있어 좋은 추억을 남기고 오기 때문이다. 스트레스로 인해 바람 쐬러 가는 곳 중에서 최고의 장소로 이런 봉사활동을 추천하고 싶다.

주변 사람들은 말한다. 월 3회 봉사하는 게 대단한 일을 한다고. 그러나 내가 해보니 결국은 내 자신을 위한 거라는 걸 깨우치게 됐다. 봉사는 자신의 성취감과 감사함을 주는 행복한 좋은 추억을 남기고 오기 때문이다.

100세를 위한 버킷리스트

    누구에게나 자고 일어나면 새날이 온다. 그 자연의 섭리가 깨진 건 나의 절친한 친구와 지인들에게 뜻밖으로 이별의 상처를 겪은 후였다.

    나의 모닝 루틴은 이부자리에서 눈을 뜨는 순간 오늘도 하루의 시간을 허락해 주심에 대한 감사기도이다. 밤새 안녕이라는 어른들 말씀이 실감 나는 요즘, 세상의 빛을 보는 것이 큰 행복이며 축복이다. 회갑回甲 잔치는 우리나라 나이로 치면 예순 한 살에 맞는 생일이다. 나의 아버지 시대의 회갑은 인생에서 크게 축하해야 할 것으로 여겨 큰 잔치를 베풀었다. 아버지 또한 이웃, 친지들을 모시고 판암동

집에서 큰 잔치를 했던 기억이 생생하다. 그러나 요즘은 회갑은 고사하고 칠순七旬 잔치도 거른다. 그만큼 의학이 발달함으로 우리의 수명이 길어졌다는 말이다.

전통 사찰의 조실 스님이셨던 경봉 스님께서는, 사람이란 태어날 때 각자 한 권의 연극 각본을 갖고 태어난단다. 그 각본의 저자도 자기요, 감독자도 자신이다. 그리고 그 각본대로 한마당 연극이 사람의 일생인데, 이왕 연극을 할 바에 멋들어지게 해야 할 것이 아닌가? 라고 설파하였다.

그러나 살아보니 그리 쉽지는 않다. 자의 반 타의 반에 의해 주연이 됐다가도 조연으로도 되고 이것도 저것도 아닌 엑스트라도 되는 게 인생 같다. 자기의 뜻에 의해 이 세상에 태어난 사람은 아무도 없다. 반대로 죽음 또한 자기 뜻대로 되지 않음이 인간사이다. 생애 동안에 후회 없이 살았노라고 자부하고 졸卒하는 사람이 몇 명이 될까? 예전에 나는 죽음에 대한 두려움이 많았다. 죽음이라는 말조차도 모든 사람과 마찬가지로 생각하지 않고 회피해 왔다. 그리고 많은 사람이 죽음을 부정하고 받아들이지 못하고 남의 일처럼 아득히 멀리 있는 것처럼 자신들은 무관하고 천년만년 살 것처럼 모르쇠 한다. 그러나 인생은 누구나 한번은 죽어야 한다는 사실을 받아들여야 한다. 죽음은 누구에게나 평등하기에 이제는 죽음을 준비하는 건 정말 중요하다고 본다.

행복하고 축복된 죽음을 위해 산다는 것을 인정하고 싶지 않지만 죽음을 맞이하는 사람들 대부분 이런 후회를 하는 경우가 많다. 생전에 여행을 많이 할걸, 술을 적게 먹고 책 좀 많이 읽을걸, 아내에게 부드러운 말을 사용할걸, 등등. 그렇게 자책하다가 내가 죽으면 우리 가족은 어떻게 하지? 지금의 회사는 어떻게 하지? 강아지 밥은 누가 주지? 따위의 사후에 대하여 소소한 걱정까지 한다.

이때 멋진 죽음이 도움 되는 건 자신만의 스스로의 삶에 대해 질문을 하고 답을 완성해야 한다. 그래서 내린 결론이 나의 버킷 리스트(Bucket list) 작성이다.

① 해마다 성경 일독-讀하기
② 무료 급식소 운영하기
③ 내 이름으로 책 5권 출판하기
④ 하루에 8천보 걷기
⑤ 33일간 혼자 국내 무전 여행하기
⑥ 10군데 해외 여행하기
⑦ 일 년에 10편 영화 보기
⑧ 부모님 명의로 아너 소사이어티(honor society) 가입하기

⑨ 식품개발을 상품화하여 판매하기
⑩ 연명치료 거부 동의서 작성하기

훗날, 내가 죽음을 앞두고 나의 버킷리스트가 모두 실행되었다면, 편안하게 죽음을 맞이하지 않을까?

어느 요양병원에 94세의 현역 내과 의사가 있다. 그분은 출근하는 아침이면 검은색 펜슬로 눈썹을 그리고 입술엔 립스틱을 꼭 바르셨다. 입원 중인 할머니들에게도 나이 들어 보는 사람 없어도 스킨, 로션 바르고 꾸미라고 권하신단다. 예쁘게 보이고 싶은 욕구가 살아 있어야 건강하다는 증거라고 했다. 또 환자들에게도 움직일 수만 있으면 무조건 움직이라고 주문하신다.

"옛날에는 무조건 쉬라고 했는데, 누워만 있는 환자가 빨리 숨지더라!" 라고 말씀하셨다. 살아 있는 동안엔 움직이면서 자기 할 일 하면서 건강하게 사는 게 최고의 방법이라고 말했다. 그는 "암보다 무서운 것이 치매인데, 할 일 없이 우두커니 있으면 치매가 빨리 온다." "빨리 은퇴한 사람들은 치매도 빨리 걸리고 일찍 죽더라"며 사람들을 만나면, "빨리 은퇴하지 마라. 그래야 건강하게 오래 산다."고도 하셨다. 그는 "항상 웃는 얼굴로 기쁘게 살면 우리 몸에서 엔도르핀이 나와 병이 잘 오지 않는다."고 하며 자신도 고령으로 "혈압이 높고 심장과 콩팥도 좋지 않고 녹내장까지 있고 나이 들면 병이 전혀 없는 사람은 없다."며 "그런 것은 약으로 조절하면서 기쁘게 일하고 있다"고 했다. 나이는 정말 숫자에 불과하다며, 살아 있는 동안 기쁘게 살고 삶이 허락하는 순간까지 내 할 일을 놓지 않는 게 최고의 행복이라는데, 나도 한 표!

그녀의 바람

"이 친구 잡지 모델이야."라면서 친구로부터 소개받는 날, 나는 그만 깜박 속아버렸다. 디스코 바지, 나이키 운동화, 짱구 파마로 1980년대 최고의 패션으로 무장하고 얼굴 또한 지금의 얼짱 수준이니 누구나 믿을 수밖에 없었을 것이다. 그래서 주위에 여자 친구가 몇몇 있지만, 그 녀석은 빛 좋은 개살구였다.

"어머니! 창업이 어디 갔어유?"

"서울 고모님 댁 가서 이삼일 자고 온대."

"그러믄 오늘 창업이 방에서 자고 갈 게요."

"방이 지저분하니 이부자리 잘 정리하고 자거라."

"예 주무세유, 어머니."

 녀석은 내가 없어도 우리 집에 와서 종종 하룻밤을 자고 어머니가 차려준 아침 밥상에다 차비까지 받고도 모자라 세탁해놓은 내 바지까지 입고 갔다. 어디를 가든 비위 좋고 붙임성이 있어서 굶어 죽을 일은 전혀 없을 것이고, 성격상 스트레스 받을 일은 더더욱 없을 것이다. 한 번은 나와 장기를 두는데, 얼마나 느물거리는지 나는 분을 못 참고 장기판을 수차례나 뒤집어 엎었다. 툭 하면 세월아~ 세월아~ 날 잡아 먹소 라는 식이니, 성질 급한 내가 이 녀석을 이길 재간은 없다.

 강원도 화천의 겨울바람 기세는 대단했다. 대전 촌놈인 내게, 설렁설렁 입은 스웨터 틈을 비집고 들어온 겨울 추위는 살을 도려내다 못해 속 내장까지 떨게 했다. 바깥 외출은 엄두도 못 내고 녀석의 아버지가 군인이신 덕분에 군납용 맥주를 실컷 마셨다. 학교 수업을 끝내고 저녁 밥상을 들고 온 녀석의 여동생은 통통한 볼이 추위에 볼그스레 익었다. 우리 밥상 심부름에 짜증난다는 투로

 "밥상 좀 챙겨다 먹든지 아님, 먹지 말든지."라며 밥상을 툭 내리며 앙칼지게 쏴 붙이고 방문을 닫아버렸다.

 "아니 저년이 오빠들 밥상을… 승질머리 하군." 녀석이

맥없이 대꾸했다.

  많은 세월이 흐른 후, 경기도 평택에서 그 여동생이 참치집을 경영할 적에 그의 아내와 함께 만났다. 앳된 중학생의 모습이 조금 남았지만 성숙한 여인으로 변했다. 그녀는 나에 대한 기억이 가물가물한지, 아쉽게도 얼른 나라는 존재를 찾아내지 못한 것 같았다.

  우연한 기회에 연락이 닿아 그녀와 심심찮게 소소한 안부를 주고받았다. 어느 날 그녀에게서 한 통의 전화가 왔다.

  "오라버니! 우리 오빠가 뇌출혈로 수술하여 응급실에 있어요."

  다급한 여동생 말에도 난, 늘 천하태평 하던 녀석이었기에, 심각함을 느끼지 않았다. 어느 지인의 장례식장에서 녀석을 만난 지 두 달만에 안 좋은 소식을 접한 것이다. 2차례의 큰 수술을 했다. 2년 동안 한 가닥 희망을 갖고 대학병원을 오가며 재활치료에 최선을 다했었다. 초기대응이 늦은 탓에 녀석은 예전의 모습으로 돌아오지 못하고 병상에 눕고 말았다.

  "창업아! 나다." 녀석의 어머니다.

  "어머니, 안녕하세요. 병원인가 보네요."

  핸드폰 넘어 녀석의 괴성이 들렸다.

"그래 잘 지냈지, 자꾸 너를 바꿔 달랜다."

녀석의 입 안에서만 옹알거리는 말을 전혀 알아들을 수가 없었다. 대신 어머니께서 그 녀석의 입 모양으로 알아듣고 나에게 전달해 주는 것이 나와의 유일한 소통이었다. 그렇게 가끔 녀석의 어머니가 나에게 전화하여 소식을 전해 들었다.

나는 명절이 되면 부천 큰 형님 댁 차례를 지내러 가면서 영등포 요양병원에 입원한 녀석을 만나러 갔었다.

"잘 있었냐? 이놈아."

내가 녀석의 머리에 꿀밤을 먹이면 어둔한 손짓과 발음으로 나에게 반가움을 표현했다. 호기롭던 녀석의 모습은 몇 해의 병원 생활로 온데간데없고 팍 여윈 모습을 보자니 측은지심이 들었다.

오빠의 병간호에 그녀도 많이 지쳤다. 시도 때도 없이 병원에서 긴급한 호출로 자기의 생활마저 위기까지 몰고 왔다. 녀석이 병마에 지쳐 가면 갈수록 그녀의 희망의 끈은 서서히 느슨해지고 있었다. 가을 단풍이 서서히 지고 있을 즈음 그녀에게 연락이 왔다.

"오라버니! 내가 급성 백혈병이래요. 어쩌면 좋아."

"뭐라고! 하늘이 원망스럽다. 왜, 하필이면 너냐!"

자기의 오빠를 위해 그토록 병간호로 헌신했는데 그녀에게 무슨 죄가 있어 이런 몹쓸 병을 주셨는지? 무슨 위로의 말을 해야 할지 도무지 이을 말이 없어 멍하니 그녀의 푸념만 들었다. 다행히도 그녀는 남동생의 골수이식을 받고 투병을 시작했다.

두 달이 지난 후 녀석은 자기 여동생이 큰 병마와 싸우는 것도 모른 채 폐렴이 악화되어 한 많은 세상을 등지고 말았다. 10년이란 긴 투병 끝에 그 많던 친구들도 없이 쓸쓸하게 화장이 되어 인천 앞바다에서 한 줌의 재로 날려 보내졌다.

"창업아! 평생을 속 썩이더니 지 동생까지 이렇게 만들어 놓고…."

"어머니 그래도 산 사람은 살아야죠!"

아들 잃고 딸까지 힘겨운 병마와 사투 중이니 어머님은 목 놓아 울었다. 참 기구한 운명이다. 투병 중에도 그녀는 나에게 자주 문자를 보냈다.

― 골수이식 숙주 반응에 얼굴 부종이 심해서 근육통 때문에 땡땡해! 힘들어요, 오라버니.

― 어쩌냐. 진선아!

― 시간과의 싸움인 거 같아 기다림과 인내심, 근데 고통이 너무 심해요.

긴 세월을 오빠의 병 수발로 자신의 투병까지 기약 없는 그녀의 삶이 애잔하다. 내가 해줄 수 있는 게 아무것도 없다는 사실에 가슴만 아프다. 올해로 6년째 투병이다. 실낱같은 희망의 기적이 일어나길 바라는 마음으로 새벽기도는 그녀에게 내가 해줄 수 있는 최고의 선물이다.

소 금 이   맛 을   잃 으 면   어 찌 하 리

철길이 주는 아름다운 추억의 뒤에
숨어있는 그런 기억은 내게 아픔을 준다.
그렇지만 나는 가끔 유년의 아련함 속으로
들어가 세상에 없는 그를 그려본다.

04 철길 옆에서

이발

 적색, 백색, 청색, 빗금으로 어지럽게 도는 공포의 사인볼이 큼직하게 보이기 시작했다. 어린 나는 아버지 손에 이끌려 이발소 문턱을 넘자 휘둥그레진 눈에 낡은 액자가 들어왔다. '오늘도 무사히'라는 글이 나의 삭발 작업의 고통과 심정을 아는 듯 애처롭게 두 손 모아 간절하게 기도하는 소년 사진의 모습을 보니, 작게나마 나에게 용기와 힘이 되어 주었다.

 이발사는 전용의자 팔걸이에 나무판자를 걸쳐놓았다. 아버지는 죽음을 앞둔 소가 체념하듯 서있는 나를 번쩍 들어 엉덩이를 나무판에 올렸다. 어른 주먹만 한 나의 머리를 이발사의 손에 맡겼다. 내 어깨 넘어 망토가 처지고 목을 묶으면, 시원하게 물세례가 끝난다.

워밍업을 마친 바리깡이 나의 머리털에 차가운 냉기를 내며 찰싹 붙는다. 나는 머리끝이 쭈뼛한 느낌으로 긴장되었다. 그러거나 말거나 능숙한 이발사 아저씨 손놀림은 '싹둑싹둑' 거침없이 고속도로 길을 냈다. 그때, 갑자기 바리깡 칼날 사이로 머리카락이 끼어 버렸다. 나는 머리털이 죄다 뽑혀나간 듯 그 아픔으로 두 눈에 닭똥 같은 눈물과 콧물이 뒤범벅되어 뚝뚝 떨어졌다. 이발소가 들썩들썩 떠나갈 정도의 나의 울음소리에도 어느새 머리통은 민둥산이 됐다.

들쭉날쭉 솟아난 안테나는 가위질로 마무리 되니 **빡빡머리**가 되었다. 이발사 아저씨는 문 입구 매달린 가죽 띠에 면도날을 쓱쓱 문지르며 날을 세웠다. 내 목덜미의 잔털에 비누 거품을 바른다. 싸르륵~ 면도날이 목덜미를 지나가며 짜르르 전기가 통하는 듯 소름이 오기도 전에, 예리했던 면도날에는 비누 거품과 잔털이 지저분하고 수북하게 달라붙었다. 신문지 조각에 쓱싹 처리하고 스펀지와 솔로 목덜미를 털어냈다.

의자에서 내려온 나를 아저씨는 우람한 손으로 끌어다

타일 수조에 머리를 숙여 코를 박게 하였다. 파란 물통 조리개에서 분수 물이 머리를 적시고 고약한 비누를 머리에 칠하고 뾰족뾰족한 솔로 빡빡 문질렀다.

처음엔 시원하면서도 어느 순간 머리 가죽이 벗겨지는 통증과 눈에 들어간 비눗물의 따가움으로 고통의 민둥산 벌초 작업은 어린 나의 인고로 끝낼 수 있었던 그 옛날의 추억이 떠올랐다.

"내가 당신 머리를 깎아줄게, 이발 요금을 어려운 이웃을 위해 기부하면 어때?"

예전부터 여러 차례 아내는 내게 그렇게 제안했다. 쥐가 파먹은 뒤통수로 고객을 만날 수도 있다는 불안감이 떠올라 번번이 거절했다. 그러나 그럴수록 아내는 더욱 집요했고, 어느 날 자동식 바리깡과 이발도구 세트를 장만하여 내 손을 들게 만들었다.

영 불안했지만, 한편으로는 좋은 일을 한다는데, 내 머리가 조금 보기에 민망하면 어때! 하는 생각에 그토록 아내가 하고픈 걸 허락하고 말았다. 드디어 나의 어깨엔 그 옛날의 망토가 씌워지고, '스르륵~' 예리한 바리깡의 모터 소리가 울렸다. 떨어져 나간 머리카락은 망투에 차근차근 쌓이면서 불안감도 사라졌다.

"오~ 잘 깎는데!"

내가 안도하는 말에 아내는 곧바로 대꾸했다.

"뒤통수 머리가 맘대로 안 돼요."

나는 속으로 생각했다. (당연한 일이지. 배우지도 않고 처음 하는 일이 그렇게 맘대로 된다면 이 땅에 이·미용사 분들 밥줄 끊길 일이 나게!)

뒤쪽에서 나는 바리깡 엔진소리가 한 방향에서만 들렸다. 나의 직감으로는 자기 의도대로는 안 되는 모양이다. 그래도 나는 격려를 해줬다.

"걱정마! 잘 자르는데 뭘. 괜찮아요." 하면서도 한편으로 은근히 걱정되었다. 어찌 되었건 그날의 벌초 작업은 무사히(?) 끝났다.

나는 항상 출근길에 목욕탕에서 샤워를 한다. 그날도 평상시와 같이 목욕탕 단골 고객 분들과 인사를 하고 나니, 이 사람 저 사람이 묘하게 웃는 얼굴로

"머리가 왜 그래?"라며 한목소리로 말했다. 나는 속으로 별것도 아니라며 한쪽 귀로 흘렸다. 내 멋에 살고 좋은 일 하는데, 잠시 삐에로가 되면 어떠냐고!

당당하던 마음은 샤워를 끝나고 수건으로 젖은 몸을 닦는데, 등 뒤의 낯익은 말소리에 여지없이 망가졌다.

"어디서 이발을 한겨?"

고개를 돌려보니 건설회사의 권 대표님이었다.

"집에서 했는데요!" 라는 대답이 떨어지기 무섭게, 그는 높은 톤의 목소리가 내 귓속으로 날아왔다.

"체통 좀 지켜! 쥐가 파먹은 머리를 해가지고는!"

몹시 맘에 안 든다는 말투였다. 그리고 다짜고짜

"내가 이발비를 줄 테니 다시 깎아."

근무 중에는 늘 위생 모자를 쓰고 있으니까, 조금 모나게 자르면 어때! 라고 생각했었다. 나는 그 후로 1주일간 머리카락이 제자리를 잡을 때까지 집에서 샤워를 하고 출근하였다.

아내는 내가 사람들에게 봉변당했던 머리가 제대로 자랄 때를 하루하루 초조하게 기다렸다. 그렇게 머리는 다시 자라 한 달이 되었다. 드디어 두 번째 이발할 시기가 돌아왔다. 스르륵 스르륵 바리깡 모터소리는 처음보다는 차원이 다른, 경쾌한 고속 음으로 안정감을 주었다.

"어쭈 이제 제대로인데."

나는 응원의 목소리로 격려해주었다.

"그래도 떨려!"

"걱정 마! 한 번 더 목욕탕 안 가면 돼!"라고 아내에게 용기를 주었다.

　아내도 기술 습득에 고심했는지, 첫날보다 빠른 시간에 이발을 끝냈다. 머리를 감고 샤워하고 나니, 내게 손거울을 주었다. 내가 안 봐도 된다고 거절해도, 뒷머리를 자꾸 확인해보라며 재촉했다. 첫 번째 사고를 만회해보려는 의도인 것 같았다. 그런데, 아뿔싸! 뒷머리를 손거울로 비춰보는 순간! 고속도로 한 줄이 희미하게 보이는 것이다.

　이내 나의 얼굴은 울긋불긋 되고. 목욕탕 고객분들에게 두 번 다시 수모를 당하고 싶지 않아 이발소로 달려가서 깔끔하게 도로 보수공사를 했다.

　"경기의 승패는 삼세판 아닌가요?"

　아내 말에 나의 고민이 시작된다. 한 달 후 또 한 번의 기회를 줘야 할지? 말아야 할지?

운동회의 기적

        가을이 오면 초등학교 시절이 떠오른다. 농작물이 다 자란 가을걷이쯤이면 으레 운동회가 돌아왔다. 순전히 학생들만의 행사이기보다 동네들의 축제로 자리매김되었다. 공부와 동떨어진 나에게 운동회는 누구보다 기다려지는 행사였다. 고학년들은 방과 후에도 틈틈이 시간을 쪼개어 운동회 연습으로 바빴다. 마스게임 때는 거의 모든 학생이 운동장에 모여서 뿌옇게 흙먼지를 날렸다. 예행연습을 마친 운동회 전날은 최종 예행연습으로 운동회의 출발을 알렸다.
    드디어 기다리고 기다리던 대운동회의 날이 돌아왔다.

아침 일찍부터 학교 주변에는 얼음과자며 솜사탕 따위의 먹을거리를 비롯하여 다채로운 풍선, 피리, 딱총 등 장난감 따위의 노점 장사꾼들이 문전성시를 이루었다. 그들에게는 코흘리개 푼돈을 긁어모으는 기회이자 대목 날이었다.

운동장에는 선생님의 수고로 하얀 횟가루로 선이 반듯반듯하게 그어졌고, 운동장 둘레에 높다랗게 서있는 플라타너스 나무들 사이에 만국기가 펄럭거린다. 나의 야릇한 감정은 마치 국제대회 나가는 선수마냥 설레었다. 초등학교 마지막 운동회라서 더욱 가슴이 벅차고 흥분되었을 것이다.

천오백 명 전교생은 노란 모자 둘레에 흰띠와 청띠를 두르고, 운동장 가운데를 분기점으로 청군, 백군 두 팀으로 나뉘었다. 전교생은 스피커에서 들려오는 선생님의 국민체조 리듬과 호루라기 소리에 맞춰 자연스러우면서 한 동작 같은 율동이 그간의 땀 흘린 결과를 말해주듯이 일사분란하게 움직였다.

국민체조 다음으로 개선문을 통해 "영차, 영차" 구령에 맞춰 청군과 백군으로 나뉘어 제자리로 돌아갔다. 이때부터 서로의 기氣 싸움이 시작되는 응원전이 벌어졌다. 고학년인 응원단장의 선창으로 "청군 이겨라! 백군 이겨라!" 운동장이 떠나가도록 목소리를 드높였다.

저학년들은 개인별 50미터 달리기의 화약 총소리가 울리면 어설픈 자세로 죽 먹던 힘까지 다해 골인 지점까지 뛰었다. 1, 2, 3등에게는 팔뚝에 파란 잉크의 숫자를 찍어준다. 팔뚝에 찍힌 숫자에 따라 갱지 노트를 받았다.

달리기라면 나는 볼품없이 뛰어도 줄곧 1등이었다. 고개를 뒤로 젖히고 뛰는 내 폼을 따라 누이는 흉내를 내면서 웃었다. 마스게임은 화려하면서도 절도 있는 율동 하나하나가 전체의 단합된 모습으로 구경꾼들로부터 많은 박수를 받았다. 방과 후 땀 흘려 연습한 노력의 결과이리라. 이어서 고학년 청, 백군 단결심을 보여주는 줄다리기 차례였다. 기수의 구령에 맞춰 "영차, 영차" 외치면, 또다시 "청군 이겨라!, 백군 이겨라!"하고 목이 쉬도록 응원전이 펼쳐졌다. 팽팽했던 힘의 균형이 한순간 한 팀으로 쏠려 밧줄을 안고 넘어지면 승부가 결정되었다.

저학년들에게 협동심을 유도하는 "박 터트리기 경기"(오재미로 상대편 광주리를 먼저 터트림)는, 시작 총성과 함께 일제히 간짓대 끝에 매달린 둥근 광주리를 향해 오재미를 던졌다.

누군가 던진 오재미가 제대로 광주리에 맞는 순간 꽝~

소리와 함께 오색 종이가루가 쏟아지면서 〈즐거운 점심시간〉 현수막이 내려지면 학교가 떠나갈 듯 모두의 함성이 울렸다. 보리밥에 질렸던 그 시절에도 운동회 날만은 달랐다.

어머니의 광주리는 그늘진 자리로 우리를 데려가 호박전, 고구마전, 삶은 옥수수와 달걀, 닭백숙, 쌀밥, 사과, 식혜 따위의 진수성찬을 누이, 형과 함께 맛있게 먹었었다.

그날은 누이와 형이 이미 졸업했던지라, 바쁘신 어머니에게 도시락만 그냥 싸달라고 말했다. 계란프라이 가득한 쌀밥은 나에게 최고의 도시락이었다. 점심을 먹기 위해 교실로 들어가 보니 나의 책상은 이미 다른 친구 가족들의 밥상으로 점령되었다. 혼자 도시락을 먹기 쑥스러워 집으로 돌아가 부엌에서 보리밥을 찬물에 말아 점심을 때웠다.

허기를 달래고 다시 학교로 향했다. 오후에는 고학년 남학생들 네 명이 한 조가 되어 펼치는 기마전騎馬戰경기로 이어졌다. 남자 아이들은 박진감이 넘치다 보니 멱살을 잡고, 발길질과 심지어는 주먹질까지 하게 되었다. 심한 욕설은 상처가 되어 경기가 끝났어도 싸움으로 이어지기도 했다. 응원전에는 삼삼칠 박수를 빼놓을 수 없다.

'짝짝짝, 짝짝짝, 짝, 짝, 짝, 짝, 짝, 짝, 짝' 점점 박수 소리가 커지고 빨라지다가 느려지면서 다시 빨라졌다. 응원단장은 리듬을 잘 이끌고 리드하는 게 절대감각이었고, 학생들은 리듬을 잃지 않고 소리를 지르며 분위기를 띄웠다.

동네 대항 달리기 계주가 시작되면 고학년 여학생, 남학생 네 명이 출전했다. 첫 주자부터 세 번째 주자까지 반 바퀴, 마지막 주자는 한 바퀴를 돌았다. 나는 이 통의 마지막 주자로 나섰다. 강력한 우승 후보 인환이는 오 통이었다. 나와 같은 반 인환과 늘 달리기만큼은 호각세였다. 일번 주자가 출발선에 서고 선생님의 구령에 준비, 차렷! 땡! 총소리에 모두가 뛰어나간다. 드디어 나는 바통을 쥐었으나 예상대로 인환은 나보다 십미터 앞서 달리기 시작했다. 승부는 결정된 것이나 다름없었으나 나는 안간힘을 쓰며 보란 듯이 달렸다. 나는 인환을 앞지르며 결승 테이프를 간발의 차이로 통과했다. 환호성과 스피커에서 승리를 알리는 소리가 울려 퍼졌다. 헐떡이는 가슴을 진정시키려는데 갑자기 눈물이 핑 돌았다. 어머니가 이 광경을 보셨으면 얼마나 좋았을까.

청군과 백군의 엎치락뒤치락하던 점수는 각 학년의 대표 선수들이 달리는 청백 계주에서 승부가 났다. 흐릿하게 지워진 트랙라인 주변으로 아이들이 둥근 원으로 둘러앉아 라인을 만들었다. 나는 육학년 청군 남자대표 마지막 주자로 출전하게 되었다. 운동회의 마지막 경기인 만큼 학생들과 관중은 첫 주자 일학년 남학생에게 시선이 집중되었다. 총성과 함께 출발한 각 학년 선수들은 인상을 찌푸리며 뛰었다. 백군은 5학년까지 내리 뒤쳐졌다. 그러자 청군의 함성이 도가니가 고막이 찢어질 듯했다. 나에게 바통이 이어졌을 때는 이미 승부가 결정 났다. 나는 전력으로 질주를 하지 않았어도 결승 테이프를 끊었다. 긴 함성과 야유가 뒤섞이며 짧게 느껴지는 하루의 운동회는 우리 청군의 승리로 막을 내렸다.

나는 3관왕(개인 달리기, 통 대항 계주, 학년 계주)으로 전교생 통틀어 제일 많은 공책을 받았다. 부모님이 안 오신 서러움을 한방에 날릴 수 있어서 속이 시원했다. 상품으로 받은 두툼한 노트와 먹지 못한 도시락을 들고 집으로 들어섰다.

그런데 웬걸, 동네 어른들은 마당에 이미 막걸리판을 벌여 놓은 게 아닌가. 우리 동네가 달리기를 우승한데 대한 뒤풀이는 늦은 밤까지 이어졌다. 아버지는 동네 사람들의 축하 술잔을 받으시며 환한 웃음이 만발했다. 그토록 환하게 많이 웃으시던 아버지의 얼굴은 그때 이후로 본 기억이 없다. 부자지간은 마음으로 말하게 되는 것일까? 아버

지의 기쁨이 자식으로부터 나온다는 앎을 새삼스레 느꼈으니 말이다. _ 2021년 수필춘추 가을호

복덩이가 남기고 간 것들

돼지는 먹보이면서, 더럽고, 게으르고, 느림보이다. 한편으로는 복스러운 생김새와 다산多産에서 보듯 돼지는 부와 복을 상징한다. 돼지꿈을 꾸면 복권을 산다. 오래전 민속신앙에 제祭를 지낼 때는 으레 돼지머리를 올려놓고 지냈다. 큰 제祭때는 돼지를 아예 통째로 제수용 제물로 올려놓고 하늘에 제를 지내는 것을 보니 돼지라는 동물이 복을 주는 동물인 것은 맞는 것 같다. 이런 돼지를 내가 코흘리개 적부터 친숙하게 지낼 수 있었던 것은 아버지가 돼지를 키운 덕이다. 그래서 우리 집은 동네에서도 돼지 기르는 최 씨네 집으로 통했다.

초등학교 시절 가정실태 조사를 하면 빠지지 않고 부모님의 직업란이 있었다. 나는 창피한 심정에 연필을 꾹꾹 눌러 '양돈업'이라고 썼다. 말이 양돈업이지 대전 변두리 판암동에서 허술하게 시멘트 블록으로 지은 4~5칸의 돼지우리가 전부였다. 마당 두 평 정도 사이를 두고 생활하는 집과 가까워 여름이면 날파리떼가 극성으로 밥상에서 함께 식사하는 곤욕을 겪었다. 더욱 고통스러운 건 돼지의 변 냄새 때문에 머리가 지끈지끈 아팠다. 해가 뉘엿뉘엿 떨어지는 저녁 무렵이면 돼지우리의 청소가 시작된다. 돼지우리 안 변便은 오삽으로 바닥을 긁어낸 후 시원한 지하수 세례를 받고 나면 그나마 똥 냄새가 많이 줄어들었다. 소독 분무기 통에 약을 배합한 아버지는 이곳저곳 돼지우리에 소독약을 뿌리기 시작한다. 파리떼 들이 무리를 지어 도망갔다. 얼마 안 되서 다시 돼지우리를 뱅뱅 돌고 날갯짓하지만, 재수 없는 놈들은 소독약에 취하여 파르르 파르르~ 날갯짓하며 죽음을 맞이한다. 여름철에는 저녁때가 되면 하루도 빠짐없이 청소와 소독을 해줘야 돼지가 전염병 없이 건강하게 자란다.

　결실의 계절인 가을의 끝자락에서 우렁찬 소리가 들린다. 꽤 이~익, 돼지의 숨넘어가는 소리가 온 동네 지축을 흔든다. 우물가에서 벌어지는 도축 현장으로 동네 어른들이 모여들기 시작한다. 웅담熊膽에 비할 바 못 되지만, 어르신들 사이에서는 명약 취급하는 돼지 쓸개를 아버지는 터지지 않게 훗날 약으로 쓰려고 조심스레 볏 줄기로 묶어 처마 밑에 달아 놓는다. 어머니는 돼지의 창자를 밀가루와 소금을 넣고 조물조물하여 깨끗이 씻은 후, 불린 찹쌀, 두부, 선지, 김치, 숙주, 대파와 함께 양념하여 소를 만든다. 막걸리 병으로 만든 갈대기를 이용하여 창자에 느슨하게 넣는다. 가마솥에 물을 끓여 삶으면 어머니 손맛이 깃든 순대의 맛은 잊을 수가 없다.

겨울의 찬 기온이 밀려오면 아버지는 돼지들의 이불을 만들기 위해 볏단을 작두로 반을 잘라 돼지우리 안에 깔아주면 최고의 보온 효과를 준다. 볏짚이 이틀쯤 되어 돼지의 변便과 오줌에 흥건히 젖으면 두엄이 된다. 물먹은 이불처럼 두엄은 축 늘어지고 쇠스랑 질을 하여 햇볕에 바싹 말린 후 볏짚 형체形體가 변형될 때까지 반복하여 사용하다 퇴비로 쓴다.

두 살 터울인 작은형은 어린 나이임에도 항상 집안일을 잘 도왔다. 힘든 두엄을 치는 일도 곧잘 했다. 작은형은 리어카에 두엄을 싣고 앞에서 끌면 나는 리어카 뒤에서 밀어

주는 일이 고작이었다. 집안일로 작은형하고 티격태격하는 날이 잦았지만 그럴 때마다 아버지는 늘 작은형 편에 서서 말씀하시곤 했다. 그때는 작은형과 아버지가 야속하다 생각했지만, 지금 생각해보면 당연지사다. 암튼, 작은형은 어린 나이임에도 불구하고 집안의 궂은일을 불평 없이 잘했었다.

일반 양돈 농가는 사료를 먹여 돼지를 길렀지만 우리는 사료 살 형편이 되지 못했다. 고모님 친구가 시내에서 '태평회관' 냉면 전문집을 운영하는 곳과 주위에 두세 군데 식당에서 나오는 음식 찌꺼기를 수거하여 이쑤시게, 나무 젓가락 등 돼지가 먹어서는 안 되는 이물질은 손으로 일일이 고른 후 끓여 돼지 밥으로 줬다.

음식 찌꺼기를 수거하는 대가로 해마다 돼지 한 마리를 식당에 주었다. 요즘은 음식물 찌꺼기가 환경오염의 주범이라 오히려 식당에서 돈을 줘서 음식물 찌꺼기를 처리하는 세상이 되어버렸다.

겨울에 산달이 들어선 돼지우리는 사방으로 실바람조차 들어오지 않게 비닐을 겹겹 두르고 돼지우리 중앙에는 열기운을 내어 따뜻하게 만들기 위해 백열전구白熱電球를 달아 놓는다. 진통의 기미가 보이면 아버지는 깨끗한 볏짚을 우리 안에 깔아주며 아버지의 이부자리도 챙긴다. 탯줄 자를 가위를 팔팔 끓는 물에 소독해둔다.

깊은 밤 어미 돼지 진통이 시작되고 새끼를 낳기 시작한다. 어린 새끼 돼지가 하얀 막을 뒤집어쓰고 나오면 아버지의 능숙한 손놀림으로 흰 막을 벗기고 탯줄을 처리했다. 헝겊으로 금방 태어난 어린것을 금이야 옥이야 정성스럽게 닦아 준다. 아버지는 오랜 시간에 걸쳐 여러 마리나 되는 새끼들을 무사히 받아내셨다. 혹시나 어린 새끼에게 무슨 일이라도 있을까, 돼지우리에서 꼬박 밤을 새우셨다.

다음 날도 그다음 날도 돼지들과 함께 주무셨다. 아버지의 지극정성으로 한 마리의 낙오자도 없이 무럭무럭 잘 자라서 그해 늦가을에 출하하였다. 목돈을 만지는 유일한 수입원收入源이 되었다. 그리고 보면 우리 식구에게 돼지는 생명줄처럼 목돈을 남겨주고 간 것이다. 가끔 추운 겨울밤에는 그날 아버지 노고와 어미돼지 산고의 고통이 아련히 떠오른다.

검정 고무신

　마사이족 신발은 자세를 바로잡아 주고 안 쓰던 근육을 쓰게 해줘 무릎과 허리 통증 예방 기능성으로 아프리카 마사이족의 보행 자세를 연구하여 만들어졌다.

　일명〈마사이족 신발〉은 호황을 누리면서 여러 군데 프랜차이즈 신발 가게들이 들어섰다. 하루 종일 서서 생활하는 직업이다 보니 허리나 무릎이 아픈 나에게 희소식이 아닐 수 없었다. 보통 신발 가격의 두세 배 가는 거금을 투자하여 구매하였다. 그러나 실제로 신어 보니 뒷굽이 땅에 딛는 순간 뒤뚱거려서 균형 잡기조차 버거웠다. 적응되면 괜찮겠지라고 자신을 위로하며 일주일을 무던하게 노력해

보았지만 허사였다.

결국 신발장에서 몇 해를 묵혔다가 사라졌다. 나와 같이 적응이 안 되는 고객이 많았는지 그 많던 프랜차이즈 신발가게도 흐지부지 눈에 띄게 사라졌다. 광고만 믿고 낭패를 본 것이다.

요즘 신발은 누구나 최소 네 다섯 켤레 많게는 열댓 켤레 넘는 사람도 부지기수 이다. 나도 사무실에만 용도가 다른 신발 네 켤레, 집 신발장에 여덟 켤레가 언제 주인이 신어줄까 기다리고 있다. 요즘 젊은 친구는 아예 패션 아이템으로 옷에 따라 맞는 신발을 신는다니 신발이 과하게 있다. 그러나 예전 초등시절 운동화는 나에게 언감생심이었다.

5학년이 된 후 나에게도 꿈같은 운동화를 신을 수 있는 기회가 왔다. 내가 축구선수로 발탁되면서 학교에서 지급해주는 축구화를 신어보았다. 말이 축구화지 지금처럼 가죽이 아닌 천으로 만들어졌다. 그래도 너무나 귀하다 보니 신주 단지 다루듯 신고 운동했던 기억이 새롭다.

나에게 신발하면 고무신은 먼 옛날의 추억이 듬뿍 담겨 있었다. 고무신은 흰색, 검정 색이 있다. 흰 고무신은 형편이 좀 나은 아이들이 주로 신고 나는 초등학교 내내 늘 검정 고무신을 신었다. 그나마 다행인 것은 흰 고무신은 나 같은 개구쟁이가 신는데 때가 잘 타므로 관리하는 불편함에 부적합했다. 검정 고무신은 아무렇게나 관리해도 때가 타지 않아서 좋았다. 분실 방지를 위해 불에 달궈진 못으로 고무신 코 부분에 구멍 두 개를 뚫어 나의 징표를 표시했다.

장난감이 부족하던 시절 고무신도 놀잇감으로 훌륭했다. 모래밭에서 고불고불한 도로를 만들어 고무신에 모래를 잔뜩 실어 운반하면 자동차 놀이가 된다. 고무신 반을 접어 구기면 둥그스레 되어 공놀이를 할 수 있다. 고무신 뒤굽을 접으면 땀이 많이 나는 여름에는 슬리퍼로 변신하여 신곤했다. 물고기 잡는 도구로도 훌륭하다.

겨울철 고무신은 요술을 부린다. 양말을 두 세 켤레 신어 보면, 고무신이 너무 작아 잘 들어가기 힘들어 보여도 어느새 제 몸을 부풀려 신어진다. 하굣길 7월의 뙤약볕은 우리 몸을 땀방울 범벅으로 만들고 물에 되비치는 햇살마저 따사로움이 우리를 물가로 내쫓았다. 물가의 버드나무 그늘은 한낮 뜨거운 햇살에 그늘이 드리워지니 물위에 소금쟁이들이 옹기종기 모여 쉬고 있다. 물장군은 더위에 지쳐 고개를 물속에 처박고 좀처럼 물위를 나오지 못한다.

친구들과 미역을 감으며 물고기를 잡았다. 고무신에 간

힌 피라미는 답답한지 조그만 나의 고무신 안에서 도망갈 길을 찾고자 뱅뱅 돌고만 있다. 물속 수풀 속 더위를 식히고 있는 피라미는 요란하게 꼬리를 파르르 흔든다. 살금살금 고무신을 꼬리로 향하는 순간 누군가 엉덩이를 미는 바람에 물속으로 나는 곤두박질쳐버렸다.

고무신은 나의 손에서 떠나 급물살을 타고 떠내려갔다. 어린 나는 사나운 물결에 고무신을 찾을 엄두도 내지 못하고 친구만 원망하고 말았다. 한 달 전에도 신발을 잃어버려 호된 꾸중을 들었는데 신발 한 짝만 신고 집에 가면 아버지 불호령이 떨어질 게 분명했다.

제방 둑에 홀로 앉아 흐르는 물결만 멍하니 바라보니 두려움, 원망, 안타까움에 눈물이 하염없이 흘러내린다. 고무신 한 짝에 담아져 있는 피라미는 운수대통한 날이었다. 고무신에 있던 피라미를 방생하니 물살을 가로질러 이제 살았다는 듯 수풀 속으로 깜짝할 사이에 자취를 감춰버린다. 신발주머니에 한 짝만 넣고 맨발로 터덕터덕 집으로 향한다. 땅거미가 지기 시작하고 우물가에서는 어머니가 저녁 준비로 쌀을 씻고 계셨다. 집 주변에서 서성이며 우물가에서 어머니가 떠나갈 기회만 보고 있었다. 어머니가 부엌으로 향하는 걸 보고 나서 나는 다람쥐 뛰듯 재빠르게 우물가에 발을 씻고 있었다. 갑자기 뒤에서 아버지가 신발주머니를 던지며, "이놈아 신발주머니 담벼락에 두고 왔냐?"

퉁명스럽게 들려온 아버지 소리에 나는 호흡이 멎는 듯, "저~ 저…" 아무런 대꾸를 못하고 신발주머니를 주워 마루로 내달렸다.

그 이후 신발주머니에 고무신 한 짝과 종이뭉치를 넣어 신발이 있는 척하고 보란듯이 맨발로 씩씩하게 보름 동안을 그렇게 학교에 다녔다. 그러던 어느 날 아버지는 아무런 말씀도 안 하시고 나의 신발주머니에 남아 있던 고무신을 꺼내 뻣뻣한 지푸라기를 고무신 안으로 넣어 문수*를 재는 것이다.

다음 날 나의 신발주머니에는 새 고무신이 들어 있었다. 나는 이전 아버지의 또 다른 모습에 나도 모르게 눈시울이 붉어지고 말았다.

아버지는 그날 아무 말씀도 안 하시고 왜 사주었을까? 짐작하건데 그날은 아마도 약주를 안 드셔서 그러지 않았나 싶다.

*신발의 길이

철길 옆에서

     유년기를 시작으로 내가 서울로 떠나던 청년기까지 철로는 아련하다. 초등학교시절 철길은 내게 위험하고 무모했던 추억을 부른다. 철길 아래 슬레이트 지붕의 허름한 집은 우리 가족의 보금자리였다. 고향 동네에서 굽은 철도 길을 돌면 직선으로 대전역까지 십여 리였다. 열차가 목적지에 다다르면 기적 소리는 더욱 우렁차게 울어댔다. 구슬치기하는 친구들로 동네가 시끌벅적하다가도 점점 다가오는 기적소리에 묻혀 우리는 귀청이 멍멍하여 막혀버리곤 했다. 그때는 철길 옆에 사는 동네에 애들이 많다는 어른들의 우스갯소리가 무슨 말인 줄 몰랐다. 우리 집도 아마 그랬을까.

'우당탕' 둥그런 밥상이 마당에 엎어졌다. 수저, 젓가락, 공기 그릇은 마루에 나뒹굴어졌다.

"뭐가 어째서 그래!"

날카로운 어머니 반응에 아버지는 안방으로 들어가셨다.

"성질머리하고는!" 뒤통수에 대고 어머니가 한마디 하셨다. 아버지는 밤낮을 안 가리고 약주를 드시면 간혹 밥상에서 그런 식으로 술주정을 하시곤 했다. 나는 슬그머니 자리를 뜨고 나와 집 앞 철길을 걸으며 왠지 복잡하고 슬픈 마음을 달랬다.

봄이었을 것이다. 경부선 철길에는 아지랑이가 한껏 피어오르고 나는 철길의 받침목을 밟아가며 한참을 걷고 있었다. 멀리서 부산행 기차 기적 소리가 희미하게 들렸다. 점차 크게 들릴 때 서둘러 기차 레일에서 빠져나왔다. '휘휘~~익' 기차가 지나가며 뿜어대는 바람에 어린 몸은 휘청거렸다. 하굣길에는 늘 지름길인 철길로만 따라다녔다. 다른 동네 아이들은 우리가 사는 동네를 철도 넘어 동네라고들 불렀다. 친구들과 위험하기 짝이 없는 담력 시합도 했다. 철길에 누워 기차가 가까이 올 때까지 누가 오래 버티는지 까불며 지는 사람이 가방을 들어다 주었다. 그도

저도 싫증이 나면, 햇빛에 반짝이는 미끄러운 기차 레일에 두 발로 올라서서 누가 빨리 걷는지 내기도 했다. 서로 경쟁하다가 땀에 젖은 고무신은 미끄러워 꼬꾸라지기 일쑤였다. 팔꿈치는 늘 아물지 않은 상처를 훈장으로 달고 다녔다.

또 있다. 쇠못을 레일 위에 침을 뱉어 올려놓으면 기차 바퀴가 밟고 지나가 납작해졌다. 못이 변형된 그런 재료로 화살촉을 만들고, 썰매를 타는 꼬챙이 송곳도 만들었다. 서너 차례 더 바퀴에 눌린 못은 숫돌에 갈아 날카로운 칼도 만들었다. 그런 일은 빠른 새마을호보다는 완행열차인 비둘기호가 적당했다.

간혹 기차에서 쇳덩어리 따위가 떨어져 줍는 날에는 횡재하는 날이다. 엿장수에게 엿을 바꿔 먹었기 때문이다. 어떤 아이는 달달한 엿 맛의 유혹에 넘어가 레일에 손을 대는 위험한 짓도 서슴없었다. 이빨 흔들리듯 침목에 제대로 고정되지 못한 오래된 못을 찾아 돌로 좌, 우로 툭툭 쳐서 뽑았다.

그 시절에는 철길을 걷는 일도 제재하는 통제시설이 없었다. 그래서 대다수의 아이들은 등하굣길에 철길을 이용하였던 것이다. 달리는 열차에 손을 흔들면 차창 너머로 손을 흔들어 주면 우리는 신이 나서 열차를 따라 달렸다. 그러나 열차는 이내 시야에서 멀어지고 거친 숨소리와 함께 지쳐 멈추었다. 기차의 꽁무니는 아스라이 뻗어나간 철길에서 멀어졌다. 어린 나도 어디론가 훌쩍 떠나고 싶은 마음이 뭉게구름처럼 일어났다.

나보다 어린 경열이는 자존심이 강한 녀석이었다. 딱지치기나 구슬치기를 하면서 늘 잃지 않으려는 악바리였다. 그런 그가 사춘기 때 오토바이 사고로 팔 하나를 잃고 술에 의지하며 자신의 처지를 비관하였다. 늘 장애인이라는 현실을 받아들이지 못하고 방황하다가 초여름 어느 날 달리는 열차에 뛰어들어 생을 마감했다. 예전에는 무슨 까닭인지 자살하는 철길 사고가 종종 있었다.

오래간만에 고향 동네를 찾았다. 우리가 재잘거리며 구슬치기하던 길과 우리 집터는 도시계획과 도로 정비공사로 검은 아스팔트가 깔려있다. 그렇지만, 철도 레일은 오랜 세월이 흘렀어도 묵묵히 그 자리를 지키고 있다. 철도 아래로는 지하통로가 설치되어 예전처럼 철길을 건너는 불안함이 없어졌다. 양쪽으로는 높은 방음벽까지 설치되었다.

경열이의 아픔이 서린 그 자리에는 오늘도 고속화된 열

차는 얇은 바람을 휘날리며 달리고 있다. 철길이 주는 아름다운 추억의 뒤에 숨어있는 그런 기억은 내게 아픔을 준다. 그렇지만 나는 가끔 유년의 아련함 속으로 들어가 세상에 없는 그를 그려본다. _ 2022년 수필춘추 여름호

펜팔

　　　　　서울에 누님이 사시느냐고, 담임선생님께서 내게 물었다. 교무실로 전화가 왔다는 것이다. 나는 귀를 의심했다. 누님이 무슨 급한 일로 학교에까지 전화를 왜 했을까. 나는 궁금증이 증폭되면서 수화기를 받았다.

"여보세요!"하니 바로 응답이 왔다. "오빠 나야!" 한다.

아뿔사! 나는 말소리가 새어나가지 않도록 재빨리 두 손바닥으로 수화기를 감싸고 말했다.

"어떻게 학교로 전화를 해?"

나는 주위 선생님들의 눈치를 살피면서 살짝 언짢은 어투로 전화를 끊도록 종용했다. 그러나 그녀는 내게 서운한 감정의 말만 일방적으로 쏘아붙이고는 끊어버리는 게 아닌가! 저쪽에서 전화를 끊는 소리에 나는 슬그머니 수화기를 내려놓았다. 주위를 살피고는 고개를 숙이며 교무실 문턱을 넘어서려는 찰나,

"야, 인마! 통화료는 내고 가야지."하고 옆에 계시던 여선생님이 뒤에서 짓궂게 농을 던졌다. 여성의 직감直感이랄까? 선생님께서는 내가 전화를 받는 어설픈 행동에서 뭔가를 느꼈나 보다. 나는 겸연쩍게 머리를 긁적이며 교무실을 빠져나왔다.

일주일에 한두 통 정도 꼬박꼬박 주고받았던 편지를 보름가량 받지 못하자, 그녀는 나의 안부가 궁금하여 생각해 낸 것이 학교로 전화를 한 것이다. 나는 그날 학교 수업이 끝나자마자 보름간에 어찌할 수 없었노라 장문의 답장을 보냈다.

그러자, 일주일 후 그녀는 동해 바닷가에서 주워 모은 여러 종류의 알록달록한 조개 껍질과 감동적으로 빼곡히 쓴 글을 푸른색 노트에 담아 나의 생일선물로 보내왔다. 한 학년 아래였지만, 때로는 내게 누나처럼 소소한 것을 잘 챙겨 주었다. 더욱이 그녀의 염려念慮로 사춘기의 어둡고 방황했던 내게 희망을 주어 따뜻한 길로 인도하여 주었다.

2박 3일 수학여행은 설악산의 웅장한 경관과 아쉬운 여운을 뒤로했다. 우리를 태운 직행버스는 왔던 길로 되돌아 환승할 목적지인 강릉으로 향했다. 나는 장난기가 발동하여 나의 집 주소를 쪽지에 적어 조약돌과 함께 접어두었다. 이 물건을 운명적으로 받는 어떤 여학생이 마음을 열고 소식을 줄까? 긍정의 기대와 함께 종이쓰레기가 되는 부정의 심정까지 염려하며 곱게 접은 종이를 가방에 담았다.

　평소 학교에서 삐딱하기로 소문난 나는, 되도록 선생님의 눈에 띄지 않으려고 버스의 맨 뒤 차창좌석을 택했다. 시퍼런 동해바다에 넘실대는 싱그러운 파도가 달리는 버스를 삼키려는 듯 아슬아슬하게 너울거렸다. 시원스럽게 달리는 버스 안에서 나는 쪽지를 던지려는 목표지점을 찾느라고 눈을 부릅뜨고 온통 신경을 곤두세웠다.

　드디어 백 미터 전방 쯤 낙산 해변도로에서 흰 블라우스와 검정치마의 단발머리 여학생 네 명이 포착되었다. 나는 창문을 조심스레 열어놓고 쪽지를 던질 기회를 기다렸다. 그녀들이 내 시야에 들어서자 지체없이 쪽지를 던졌다. 그러나 웬걸? 쪽지는 의도와 달리 그녀들과 거리가 너무 멀어져 날아가 버렸다. 그녀들은 우리들의 함성에 그저 손만 흔들며 지나갔고, 쪽지는 어디론가 사라져버렸다.

나는 1차 실패의 아쉬움을 달래며 나름대로 터득한 경험으로 오기가 발동했다. 버스는 내 씁쓸한 마음을 아랑곳없이 동해대로를 사정없이 달리더니, 커브길인 하조대 해수욕장 앞에서 갑자기 속도를 줄이기 시작했다. 속도가 줄어들자 버스 곁으로 여학생 둘이서 지나가는 모습이 포착되었다. 나는 기다렸다는 듯 창가에 가슴을 내밀어 쪽지 2개를 던졌고, 정확하게 그녀들 앞으로 떨어졌다. 두 사람 중 머뭇거리던 그녀는 버스를 한번 힐끔 쳐다보더니 쪽지를 줍는 것이었다. 이를 지켜보고 있던 친구들은 버스가 떠날 갈듯 함성을 질렀다.

그녀와 나의 운명적 만남은 이렇게 시작되었다. 대전역에 도착할 때까지도 기회만 되면 나와 몇몇 녀석들은 쪽지 뿌리기에 열을 올렸다. 드디어 결실이 왔도다. 버스가 오갔던 김천, 영주, 상주, 양양에서 청춘의 날개달린 사연들이 집으로 도착했다. 행복한 고민거리가 시작되었다. 일단 수신자만 다르게 하고 내용은 상황에 맞게 최소로 수정하여 답장은 다 보냈다. 편지를 보낸 지 일주일 만에 답장이 왔다. 나는 모두에게 펜팔을 하려했지만, 친구들의 성화로 세 명에게 나눠줬다.

나는 하조대 해수욕장에서 본 그녀를 선택했다. 서신 왕래는 나로 하여금 검은 밤을 하얗게 새도록 문학 공부를 왕성하게 했다. 삼 학년 여름방학 때 친구 둘과 함께 그녀의 동네인 하조대 해수욕장을 다시 찾았다. 서신 왕래 14개월 만에 가슴 설레는 그녀와의 상봉이었다. 해수욕장은 텐트들로 인산인해이고 취객들의 언성과 카세트에서 울려 퍼지는 팝송으로 젊은이들의 어깨춤이 들썩거렸다.

그녀는 동네 여자 친구와 함께 옥수수를 한 바구니나 가져와 수줍게 나에게 건네주었다. 나의 어설픈 충청도 사투리가 그녀의 연한 웃음을 자아내게 했다. 우리만의 대화가 필요했다. 우리는 밤늦도록 여름 바다에 도취되어 추억의 낭만을 쌓았다. 이튿날에도 그녀와 친구는 찐 감자와 옥수수를 챙겨왔고 우리는 그 덕분에 강원도 특산물을 배가 터지도록 먹었다.

철없던 그 시절, 그녀들과 함께한 바닷가의 추억이 또 있다. 그 해 겨울방학 무렵에 나는 오징어잡이 배를 타기 위해 속초에서 그녀와 만나기로 했다. 고깃배의 출항 날짜가 당겨지면서 그녀를 만나지는 못했다. 나중에 알게 된 사실이지만, 그녀는 내게 줄 요량으로 배에서 먹을 식량 쌀 한 말을 갖고 세찬 바닷바람을 맞으며 속초의 부둣가에서 나를 찾아 헤매었다고 한다.

추억을 더듬어보자면, 사춘기 시절에 그녀와의 펜팔로 인해 내가 문학 공부를 할 수 있어 감사하게 생각되는 것이다. 펜팔은 그 시절에 남녀 청춘의 유일한 소통의 창구였다. 대중가요 책자, 학생 잡지, 성인잡지 등 맨 마지막 부분에는 이름, 성별, 나이, 직장, 주소 순서대로 인적 사항의 '펜팔'란이 있었다. 지금 생각해보면 아날로그 시대인 그때가 정겹고 사람 사는 냄새가 살아있어 낭만이 가득했다.

우리 집 대문 앞에서 "편지요!"라며 흰 봉투를 들고 오던 집배원 아저씨의 정겨운 목소리가 떠오른다. 육순을 바라보는 그녀 역시 지금은 어느 곳에서 살고 있을까? 무더운 여름철에는 동해 바닷가의 철썩이는 파도 소리와 그 추억이 더욱 그립다. _ 2021년 수필춘추 여름호

풀 뽑힌 최고집

점심시간이 끝나고 5교시 수업 시간을 대부분의 친구들은 춘곤증으로 졸음과 사투의 시간을 벌였다. 나 또한 졸음을 달래려고 수업 시간에 손톱을 깎고 있었다. '깍~ 똑 깍~똑.' "어느 놈 짓이냐? 이리 나와!"

나는 슬그머니 선생님이 부르는 탁자 앞으로 나갔다. 순식간에 '쉭~타 탁!' 두꺼운 출석부가 나의 머리에 내리꽂히는 순간, 번개가 쳤다.

"수업 시간에 뭐하는 거야, 이 자식아!"

"……"

"어쭈, 어디가? 이리 안 오냐!"

수학 선생님께서 부르시는 말소리도 무시하고 가방을 들고 교실을 나갔다.

"학교 다녀왔습니다." 나는 안방에 계신 아버지랑 마주치자 얼버무리고 내 방으로 들어가는데, 뒤통수에서 아버지의 음성이 들렸다.

"학교에서 무슨 일 있었는겨?"

"단축수업을 했어요."라고 툭 던져놓았다. 나는 교복을 벗고 얼른 사복으로 갈아입고 대문을 나섰다.

뒷산에 푸르름이 짙은 여름의 숲속을 따라 한참 걷다 보니, 어느새 이마엔 땀방울이 송골송골 맺혔다. 소맷자락으로 쓸어내리자 가쁜 호흡이 가라앉았다. 정상을 오를수록 울창한 숲 무리가 띄엄띄엄하고 푸르름이 빈약한 민둥산이다. 꾸역꾸역 오르다 보니 정상에 도달했다. 푸르른 병풍에 쌓인 대전 시내의 전경이 한눈에 들어온다. 긴 호흡을 삼키며 거칠게 내뱉었다. 오장육부가 시원함을 느꼈다. 몇 시간 전의 억울함과 분노가 사그라지고 구름 한 점 없는 눈앞의 전경이 이처럼 아름다울 수가 없었다.

이튿날 등교하니 친구가 나를 보면서 반갑게 말을 걸었다.

"창엽아 어제 종례 시간에 담임 선생님이 너, 수학시간에 도망간 거 어제 들어오면 남자도 아니고 오늘 등교하면 진짜 남자라고 했어."

"그게 무슨 뜻이래. 그렇다면 용서를 해준대?"

"짜식아, 그게 아니고 칼을 뽑으면 무라도 베라는 뜻이겠지!"

아침 조회시간 담임 선생님은 내가 어제 도망간 것에 대해 아무 말씀이 없었다. 그러나 종례를 마치자 나를 호출하셨다. 교무실로 들어가 두리번거리자 선생님께서 손짓을 한다. 선생님은 다짜고짜 앉아 있던 자신의 의자를 내 앞에 놓으며 마디마디가 선명한 잘 마른 대나무 뿌리 회초리로 자신의 손바닥을 툭툭 치시면서

"어제 네 아버지하고 통화했는데, 너를 사람 좀 만들어 달라고 하시더라. 알았지!"

"너, 그런 배짱 있으니 의자에 올라가! 남자답게 200대만 맞자."

나는 말없이 검정 교복 바지를 종아리가 보이도록 무릎까지 걷어 올리고 의자에 올라섰다. 마른 대나무 뿌리는 바람을 가르며 나의 종아리를 바윗돌에 파도치듯이 '찰싹 찰싹~' 가늘고 차가운 소리가 교무실에 울려 퍼졌다. 나의 종아리가 불그스레 퉁퉁 부어 올라왔을 즈음,

"담배 한 대 피우고 다시 시작하자."

정확히 100대를 때리고 선생님은 잠시 휴식을 선언하셨다.

훗날 알게 되었지만, 선생님께서 나에게 용서의 시간을 주기 위한 휴식이었던 것이었다. 나는 그것도 모르고 "잘못했습니다."라며 용서를 구할 생각은 안 하고 마음속으로 그래 어디까지 가나 보자 라고 객기만 부리고 있었다. 때리는 선생님이나 맞는 나의 얼굴이 땀으로 범벅되고 홍당무가 되었다. 선생님께서 담배 한 개피를 다 피우자 휴식도 끝났다. "자, 나머지 남은 거 시작하자." 선생님은 와이셔츠 소매를 접어 올리고 나는 다시 의자에 올라서서, 서로가 맞을 준비와 때릴 준비를 끝냈다. 선생님의 매질이 시작됐다. 점차 나는 종아리의 감각이 무디어지는가 싶더니 액체가 흐르는 느낌이 왔지만, 200대의 매질의 숫자만 끝나길 바랄 뿐이었다.

"…197, 198, 199, 200." 약속의 200대를 채웠다. 나는 의자에서 내려오려고 움직였으나 두 다리는 단단히 굳어 버렸다. 선생님께서 혈흔이 낭자한 오른쪽 종아리에 약을 발라 주었는데도 피는 좀처럼 멎지 않았다. 나는 기어서 걷다시피 하여 집에 왔다. 그렇게 한 달 동안 상처 난 다리를 끌며 가방을 제대로 들지 못하고 옆구리에 끼고 다녔다.

담임 선생님께서는 그 시절에는 공포의 학생과 담당이셨다. 아마도 신학기가 시작되자 블랙 리스트에 오른 나를 확실히 잡고 가자는 계산으로 무리수를 써서라도 나를 '초전박살' 내려는 심산이었던 것 같았다.

사랑의 매 치고는 엄청나게 큰 훈장이었다. 사십여 년이 지난 지금도 나의 오른쪽 종아리에는 500원 크기의 흔적이 고스란히 남아 있다. 잘못을 인정하는 것이 그렇게 힘들지 않았을 일인데 쓸데없는 객기가 남긴 훈장이어서 인생에 많은 가르침을 준다.

연산홍이 떨어지며

    봄엔 철쭉꽃이 만발하고, 여름엔 푸르른 숲으로 웅장하게 뒤덮고, 가을엔 울긋불긋 색동치마 단풍이 만발하다가 겨울에 눈 덮인 한 폭의 산수화를 그려 놓은 듯한 산이 있다. 바로 대전의 명산 식장산이다. 사계절 자연의 자태가 뚜렷했던 나의 모교 판암 초등학교에 정기를 내려줬다. 토요일은 반공일이다. 현장수업이라고 간혹 전체 반 대항 축구 시합을 했다. 남학생 여학생이 모두 섞여 드넓은 운동장에서 공 하나를 향해 빗물에 모래알 씻겨 나가듯 우르르 이리로 저리로 쫓아 다녔다.

    어느새 숨이 턱까지 찬 입가에는 하얀 입김과 이마엔 땀

줄기가 흐르고, 히히덕 거리며 공놀이에 겨울의 추위도 잊는다. 누구보다 억척스럽게 뛰었던 단발머리 순자는 의협심이 강하고 공부도 곧잘 하는 똑똑한 친구였다. 여학생들이 고무줄놀이 할 때면 으레 짖궂은 남학생 친구가 고무줄을 자르고 도망가면 언제 나타났는지 순자는 앞장서서 남학생들을 혼내주곤 했다. 순자를 만난 건 졸업 후 30여년이 흐른 한 해가 지날 즈음 초등학교 동창회 망년회 모임에서 중년이 되어 만날 수 있었다. 전형적인 학교의 여선생님 풍채처럼 검은 뿔테 안경을 쓴 모습은 예전 어릴 적의 모습이 또렷이 남아 있었다.

"오~ 순자 잘 지냈나?"

"창업이 반갑다." 순자는 내게 악수를 청했고 그녀의 손 아귀힘은 여전히 단단했다.

"창업아, 내 이름 개명 했어! 다음부터는 윤서라고 불러줘."

나오는 웃음을 나는 억지로 참으며 "야~~이제 여자답다"고 대꾸했다.

"뭐야 자슥이!" 그녀는 손을 들어 올리고 나는 반사적으로 순자 아니 윤서의 손목을 잡았다.

윤서는 주경야독으로 어렵게 야간대학을 졸업하였다. 젊은 나이에 중학교 행정실장을 했다. 틈틈이 자기발전을 위해 취미삼아 그림 그리기도 곧잘 하고 개인 전시회를 열 정도로 실력도 있다. 어떤 일이든 열정적인 친구였다. 학교 행정업무도 늘 바른생활을 하다 보니 윗선과의 보이지 않는 알력다툼이 빈번히 일어났다. 불의와 타협하지 않던 그녀는 많은 스트레스를 받았다. 돌아온 건 정의 승리보다는 유방암이라는 몹쓸 병을 얻게 됐다. 공주 마곡사에 가기 전 깊은 산 속 사설요양원에서 자연치료의 투병을 하였다. 나는 바쁜 시간을 쪼개 윤서를 위해 야채 보리쌈밥을 때론 야채구이를 도시락으로 쌌다. 초등학교 때 소풍가듯 뒷동산에서 함께 먹으며 많은 이야기를 나누었다. 도려낸 가슴의 흉칙한 흉터를 어루만지던 그녀는

"창업아 내가 잘못되면 몇 명 인간이 비웃을 거야."

"그렇겠지."

"나는 반드시 일어나서 복귀할거야."

자신감과 확신에 찬 윤서의 어투에서 그녀가 잘 이겨내리라 굳건한 믿음이 있었다.

"윤서야! 5년 후 개인전시회 다시 열면 내가 멋진 만찬은 꼭 책임지고 해 줄 테니 힘내!"

"그래 너의 음식 솜씨 꼭 볼게!"

나는 예전에 그녀의 전시회 때 가지 못한 미안함 때문에

약속을 했지만 그보다 빠른 쾌유를 진심으로 마음에 담았다. 그리고 병마와 의연하게 싸우는 와중에도 윤서는 나에게 간혹 안부의 메시지를 보냈다.

[카톡♪]
아침에 콩 삶아서 믹서기에 갈고 단호박 양파 버섯 쪄서 먹고 고구마 당근 무 밤 피망 생으로 먹었어~~

[카톡♪]
고마우이 친구~ 변함없이 지켜봐줘서~ 오늘 편한 시간 가졌고 덕분에 내가 또 기운 내서 잘 하고 있을게~ 마음의 평화가 언제나 중요하지. 흐르는 강물처럼~~

[카톡♪]
친구의 따듯한 마음에 칼바람 추위도 다 물러나리라 믿으며 오늘 검사와 내일 항암~ 친구의 기운 받아 힘내구 잘 하고 올게~~

[카톡♪]
일산병원에 와어 친구의 성원과 기도에 힘입어 승리를 생각하니 3일 사이 많이 호전 되어 기뻐 곧 이 고통의 시간이 지나고 봄이 오리라~~ 내 마음은 봄봄!! 즐겁고 행

복한 하루.

[카톡♪]

친구의 성원과 기도

[카톡♪]

입원중~~

   허공에 메아리치는 나의 메시지만 맴돌뿐. 〈입원중〉이라는 내게 보낸 카톡 메시지는 이후 멈춰 버렸다.
   누구나 그의 당당함에 압도당하지 않을 수 없었다. 불의를 보면 못 참고 늘 약자의 편에 당당하게 서서 싸웠다. 그랬던 멋진 나의 친구 윤서는 애틋한 삶과의 타협에서 서서히 내려놓기 시작하였다. 하얀 연산홍이 만발한 틈새 사이로 환하게 웃음 짓던 그녀! 비에 젖어 떨어지는 하얀 연산홍처럼 자신과의 굳은 약속을 멀리하고 홀연히 2013년 5월 2일 이승과의 작별을 고했다. 나도 모르게 마음속에 잔잔한 슬픔이 밀려왔다. 세월이 흘러도 그와의 우의를 고히 간직할 것이다. 부디, 부조리 없고 깨끗한 청정지역 하늘나라에서 새로운 나의 친구 윤서로 태어나기를 빌었다. 연산홍이 필 무렵이면 나는 서랍에 간직해온 그녀사진을 바라본다. 모자를 눌러 쓰고 뿔테 안경에 하얀이를 드러내고 환하게 웃고 있는 그녀! 올해로 꼭 10년, 이제 막 연산홍 봉우리가 맺었다. 그녀가 잠든 추모공원에서도 곧 연산홍 꽃이 환하게 피겠지.

장맛비의 여운

　　　　장마 오는 조짐은 예사롭지가 않다. 하늘이 구멍이 난 것처럼 시시때때로 장대비가 내린다. 그것도 부족한지 아예 천둥과 거친 바람까지 동반하여 온 나라를 당장 삼켜 버릴 듯 기세가 등등하다. 아파트 발코니에서 뒷동산을 바라보자니, 꺾인 채 쓰러져 넘어진 나뭇가지 파편은 이곳저곳 나뒹굴어져 있다. 뒷산에서 빗물과 범벅되어 내리는 누런 토사물은 금방이라도 아파트 단지 안의 하수구를 막아버릴 상황까지 오고 있었다.
　출근을 하려고 승용차의 시동을 걸고 주차장을 막 벗어나려는데, 얼마나 강한 비가 내리는지 와이퍼가 힘에 부쳐

활처럼 휘어져 힘겨워 한다. '밤사이 강우로 06시 현재 대전천 하상도로를 전면 통제중이오니 우회도로 이용 바랍니다' 라는 안전안내문자가 연거푸 울려댄다. 적정속도보다 낮게 유지하면서 시내방향을 통과하는데, 도로 곳곳이 물에 잠기면서 고립된 차량 여러 대가 보였다.

굵은 장대비가 이슬비로 변하자 비옷을 입은 교통경찰관들의 모습이 보이기 시작했다. 차량운전자들의 운행을 수신호로 정리하여 준다. 물이 가득 차있는 지하차도는 통제안내판을 설치하며 사고 수습을 하고 있다. 이런 혼란스러울 때에 경찰관들이 위해危害를 방지하기 위한 노고가 이만저만이 아니다.

출근시간대와 맞물린 상황에 가다 서다를 반복하던 차량들이 선 채로 도로에 가득 메운 채 도로는 주차장이 되고 말았다. 교통체증에 답답한 일부 사람들은 아예 도로 가장자리에 차량을 멈춰 세워놓고 걸어서 갑천대교로 향한다. 모두가 다리 밑으로 흘러가는 물 구경에 넋이 빠진 모양새다. 더러는 핸드폰으로 사진 또는 동영상 촬영을 하여 생생하게 중계를 하는 사람도 있었다.

나도 슬그머니 많은 인파 틈에 한 자리 잡는다. 거침없이 너울거리는 물결에 흘러가는 많은 잡동사니들. 소형 승용차 한 대는 무참하게 망가져 어디서부터 힘없이 떠밀려 내려왔는지 모르겠다. 일순간을 지켜보는 사람들의 안타까운 탄성에도 묵묵히 끌고 가는 도도한 물결은 위압감마저 느껴졌다. 진흙탕에 잠긴 가로수 가지들은 간당간당 흔들려 불안에 몸부림친다. 그 날부터 이틀 동안 시내 곳곳의 지하차도는 통제되었고, 나의 출퇴근 지름길인 하상도로 역시 통제되어 30분이면 족할 퇴근시간은 2시간이나 낭비되는 고충을 겪었다. 나는 다시 한 번 대자연이 주는 말없는 공포를 새삼 느끼며 소름이 돋았다.

어렸을 적 우리 집은 갈라진 지붕 위에 비닐을 덮고 군데군데 돌덩이를 올려놨다. 비가 오는 장마철이 되면 물난리에 온통 곤혹을 치렀다. 집안 이곳저곳에는 물받이 통들을 놓아두고 번갈아 가면서 물통을 바꿔주었다. 그럴 때마다 어머니는 늘 비상용으로 양초를 준비해 두었다. 비와 함께 심한 천둥과 벼락이라도 치면 정전停電으로 인한 캄캄함을 촛불로 밝혀야 하기 때문이었다.

또 다른 추억도 있다. 비옷 대용으로 비료 포대를 뒤집어 만든 비옷은 친구들에게 놀림감이 되었다. 그래서 나는 장맛비가 심하게 오는 날은 아예 학교 가는 걸 포기한 적도 있었다. 더구나 신발이랑 바지는 신작로에서 흙탕물 세례

일쑤였다. 비가 갠 후에 띄엄띄엄 생겨난 물웅덩이에는 지렁이들의 꿈틀거리는 징그러운 모양에 눈살이 찌푸려졌다.

그 시절의 장맛비와 가난은, 나에게 부끄러움과 서글픔으로 얼룩진 상처로 인해 괜스레 짜증이 나서 싫었다. 그래서 이담에 내가 어른이 되면 장맛비가 세차게 퍼 부어도, 단단한 지붕설계로 물이 안 새는 집을 지을 뿐더러 비옷과 커다란 우산을 몇 개씩이나 사리라고 다짐했었다.

장마철 비는 때와 장소를 가리지 않고 누구라도 조절할 수 없도록 내린다. 통제 불가능한 자연재해는 재산피해뿐만 아니라 생명을 앗아가기도 했다. 이래저래 장맛비는 어린 시절 추억을 늘 가슴 후비게 하는 아픔을 떠올리게 하고 반갑지 않은 손님임에 분명했다.

한 친구가 말한다. 비 오는 날에 듣는 음악이 더 감성적이고 마음에 포근함이 느껴지는 로맨틱한 분위기라고! 또 다른 친구는 수술한 몸 곳곳이 아픈데, 더 짜증이 나며 울적해 진다고! 타인들의 이러한 과도한 감성과 아픔은 내게 가끔 쓰라린 추억을 상기시키면서, 생각이 많아진다.

요즘같이 미세먼지가 많은 날에는 가끔씩 비가 내려 한바탕 깨끗이 쓸어내려간다면 참으로 좋겠다. 오늘처럼 비 오는 날이 좋다. 비 온다는 핑계를 삼아 막걸리와 부침개로 주전부리를 할 수 있기 때문일지도 모른다. 고추장과 밀가루를 반죽하여 연한 부추, 진한 향의 깻잎을 숭숭 썰어 넣어 돼지기름에 지져 만든 간이 삼삼한 부침개. 비오는 날에 입을 즐겁게 해주니 '날궂이' 하기 딱 좋은 음식이다.

소 금 이   맛 을   잃 으 면   어 찌 하 리

오늘도 장인 어른이 좋아하는 양갱,
부드러운 카스테라, 컵라면 등을 가지고
장인 어른을 만나러 갔다. 천진난만한 주름진
미소가 나에게 편안함을 주는 건 왜일까?

05 노년의 유치원

두부 예찬

속담에 '두부모같이 반듯하다.'는 말이 있다. 비틀어짐 없이 반듯하거나 올바른 모양을 말한다. 두부는 깨끗함과 순결함을 상징하기도 한다. 우리는 흔히 두부를 '밭에서 나는 소고기'라고도 말한다. 단백질을 많이 함유하고 있어 먹으면 건강에 좋다는 이야기다. 두부는 이렇게 좋은 이미지를 갖고 있을뿐더러 건강을 위한 음식 재료로도 빠지지 않는다. 특히 동양에서 두부는 요리를 할 수 있는 식자재 중 으뜸이라 말할 수 있다. 예전에는 두부가 김치찌개나 된장찌개에 곁들여 먹는 정도였다. 요즘은 두부를 이용한 다양한 종류의 요리법이 개발되었다. 두부김치,

두부양념조림, 두부전골, 두부동그랑땡, 두부강정, 두부탕수 등 두부를 이용한 요리가 많이 있다. 뭐니 뭐니 해도 두부는 단백질이 풍부하고 맛이 고소한 것이 특징이다.

  어릴 적에 가을걷이가 시작되면 어머니의 손길은 쉴 틈이 없으셨다. 어머니는 누렇게 익은 메주콩을 수확하여 마당에 널었다. 가을 햇살에 콩대가 바싹하게 마르면 멍석을 깔고 도리깨질을 하셨다. 타닥 타아닥, 내리치는 도리깨질에 콩알들은 사방으로 튀어 도망쳐 버렸다. 빗질하여 쓸어 모아온 콩들은 키질을 해서 온전한 콩알만 골라 큰 자루에 담았다. 그것은 쌀과 고구마와 함께 기나긴 겨울에 먹을 양식이었다.

  어느 겨울날 매서운 한파가 밀려올 즈음, 어머니는 말없이 다락방에 올라가 콩자루를 하나 갖고 내려오셨다. 붉은 고무대야에 메주콩을 담아 지하수 물을 퍼붓고 이리저리 조리질하여 불리셨다. 하룻밤을 재운 노랑 메주콩은 불어 살이 통통하게 차올랐다. 고무대야에 가득한 콩을 흘러가지 않게 다독이며 물만 따로 버렸다.

  털모자에 목도리까지 두르신 어머니는 두툼한 벙어리장갑으로 완전 무장을 하셨다. 그리고 불린 메주콩을 물통에 담은 후, 물지게를 지고 밖으로 나가셨다. 윗마을에 두부를 만드는 집들이 여러 곳 있었기 때문이다. 어머니는 그곳에 가 콩물을 만드셨다. 두부를 만들 콩물이 집에 도착하기 전까지 아버지는 아궁이에 마른 솔잎으로 불을 지펴 활활 타오르는 장작불로 물을 끓이셨다. 가마솥의 물이 한소끔 끓어오르면 장작불을 약한 불로 조절하셨다. 먼 발치에서 지게를 지고 오시는 어머니의 모습이 점점 가까워졌다. 아버지는 다시 불길을 올려 물을 팔팔 끓이셨다. 어머니의 양쪽 볼은 불그스레해졌고 털모자가 반쯤 올라간 이마엔 땀방울이 송골송골 맺혀 있었다. 목욕탕 사우나실에서나 볼 수 있는 수증기가 몸에서 아른거렸다.

아버지는 어머니가 지고 온 콩물을 받아 끓고 있는 가마솥에 조심스레 부으셨다. 용암처럼 끓어오르던 뜨거운 물이 콩물세례를 받고 나서는 호수처럼 잔잔해졌다. 그동안 부뚜막에 걸터앉아 한숨을 돌리시던 어머니는 불 때던 아버지와 일손을 바꿔, 아궁이 속의 불길을 조절하며 기다란 나무 주걱으로 가마솥에 담긴 콩물을 넣고 천천히 저으셨다. 한참을 저은 다음 콩 건더기는 고운모시 천에 거르고, 대바구니에 담아 따뜻한 아랫목으로 옮겼다. 그리고 이불로 덮어 비지 띄우기에 들어갔다. 그렇게 남은 콩물에 간수를 슬슬 뿌리면 콩물은 작게 뭉게구름이 피어오르며 순두부로 변해갔다. 어머니는 순두부를 낡은 국자로 한 대접 뜬 후, 양념장을 만들어 대접에 두세 숟갈 넣은 후, 휙 저으셨다.

맛깔스러운 순두부가 새롭게 탄생하는 순간이다. 아버지는 어느새 우직한 손으로 주전자를 잡고 막걸리 한 잔을 어머니한테 따라주셨다. 어머니는 타오르는 목마름에 벌컥벌컥 술잔을 비우셨다. 철이 없던 우리 형제는 어머니의 손짓에 따라, 잽싸게 수저를 들었다. 순두부 대접에 여럿이서 숟가락이 몇 차례 오고 가다 보니 순두부는 마파람에 게눈 감추듯 순식간에 없어졌다. 양념이 된 순두부는 최고의 안주이자 피로 회복제였다.

막걸리 기운에 얼굴이 불그스레해진 어머니는 다시 아궁이 불을 조절하시며 네모난 나무틀을 준비하셨다. 나무틀에 고운 소창을 깔고 큰 덩어리가 된 순두부를 바가지로 퍼서 나무틀 안에 부었다. 그리고 깨끗하게 씻어 둔 돌을 나무틀 위에 올려놓으면 두부가 굳어지기 시작한다. 오랜 시간을 굳히면 두부가 단단해져서 맛을 잃게 된다. 그렇다고 굳히는 시간이 짧으면 두부가 흐물흐물해 식감을 잃게 된다. 적당한 시간과 느낌만으로 두부 고유의 부드러운 탄력을 유지해 줘야 한다. 그렇게 만든 것이 바로 어머니표 시골두부인 것이다.

  저녁에 큰형까지 모이면, 우리는 양념장을 뿌린 두부를 한 모씩 수저로 떠서 맛있게 먹었다. 내가 수십 년 동안 요리를 해봤지만, 뜨거운 두부를 호호 불어가면서 먹던 그 고소한 맛을 지금도 잊을 수 없다. 어렸을 적에 먹어본 두부는 왜 그렇게 맛이 있었을까…. 밖엔 찬바람이 불고 눈보라가 친다. 오늘따라 어머니가 만들어 주시던 두부가 먹고 싶다. _ 2022년 월간문학 8월호

어머니의 가죽나무

      어렸을 적 마을주변에서 가죽나무는 흔히 볼 수 있었다. 언제부터인가 우리집 대문 옆 담장을 기대고 한 그루 나무가 자랐다. 해를 거듭할수록 뿌리는 담장 둘레에 급속도로 퍼지며 훌쩍 커져서 제법 아름드리가 되어갔다.

  어느 날 아버지는 무슨 생각을 하셨는지, 여러 갈래로 퍼진 나뭇가지들을 톱과 낫으로 쳐냈다. 그리고 튼실한 가지를 기둥삼아 두꺼운 나무판자들을 깔고 대못으로 뚝딱뚝딱 박아 마루를 만드셨다. 담장에 사다리까지 올려 나무 마루로 연결하니 올라서면 원두막처럼 아늑한 자연나무집이 되었던 것이다.

나는 단단하게 잘 자란 살아있는 나무의 고통이 안쓰러웠다. 아버지가 걸어 다닐 수 없는 생명의 고통을 무정하다고 내쳤다고 생각한 것도 잠시였다. 여름 뙤약볕이 징그럽게 쏟아져 내리쬐었다. 빳빳하던 나뭇잎들마저 소금에 절인 배추마냥 축 늘어졌어도 울창한 나무는 시원한 그늘을 만들어주었다. 아버지는 매미들의 우렁찬 나팔소리에도 아랑곳하지 않고 퇴침退枕을 베고 저음과 고음으로 코를 곯으시며 낮잠을 아주 맛나게 주무셨다.

아버지가 비어있는 그 자리는 나의 놀이터였다. 나는 나뭇가지가 베어진 그 슬픔을 진즉에 잊고, 한술 더 떠서 카세트에 스피커까지 연결하여 동네방네 생중계하듯 라디오를 틀었다. 그리고 청춘을 애간장 태우던 〈김연자의 뽕짝 메들리〉를 들으며 어깨춤과 콧노래를 불렀다. 나는 여름철만 되면 뽕짝 메들리와 낮잠을 잤고, 친구와 장기를 두고 밥도 먹으며 가죽나무 원두막에서 즐기면서 추억을 쌓았다. 아마도 동네 어른들께서 내가 마을을 떠난 걸 알게 된 것은 시끄러운 라디오 소리와 뽕짝 메들리가 들리지 않는 몇 일 후였을 것이다.

가죽나무순은 봄의 별미이다. 잎의 성장속도가 매우 빠르므로 하루가 다르게 커버린다. 전통의 음식으로 소금물에 살짝 데쳐서 고추장을 넣은 찹쌀 풀을 입혀 햇볕에 꾸득꾸득 말려 튀긴 부각은 바삭한 식감이 일품이다. 간장 물을 달여 만들거나, 소금에 약간 절인 다음 고추장에 담근 장아찌는 저장반찬으로 딱 좋다. 어린순을 식초 물에 담가 건져 밀가루반죽 아닌 쌀가루를 솔솔 뿌려 부침개를 만든다. 가죽나뭇잎 즙과 특유의 향이 쌀가루와 만나면 쓰면서 오묘한 맛은 사람에 따라 호불호가 심하다. 그러나 독특하고 고약한 내음이 입안을 즐겁게 하여 마약과도 같은 맛이라 나는 가죽나무순 요리 중 최고로 꼽는다. 내가 봄날이 기다려지는 이유 중 하나가 가죽나무순 요리의 맛에 매료되었기 때문이다.

실타래 풀리듯 아지랑이가 한껏 자태를 뽐내고 아른거리는 들판. 어린 새싹들이 푸르른 기상을 펴는 어느 해 중학생이던 봄날 공휴일에 어깨 동무들과 산으로 들판으로 봄기운을 한껏 누리며 입맛을 돋우는 먹거리 사냥에 나선 것이다. 동네 포도밭의 가죽나무 울타리에도 새순이 비쭉비쭉 올라 솟았다. 누구 먼저랄 것도 없이 우리는 고양이 걸음으로 살금살금 다가가 가죽나무를 흔들거리지 않게 붙잡고 새순 마디를 조심스럽게 꺾어 모았다. 그리고 서리해온 가죽 새순을 끓는 물에 잽싸게 데쳐서 고추장에 꾹

찍어 뱃속으로 삼켰다. 봄 향기 그윽한 맛에 흠뻑 빠졌던 입의 즐거움도 잠시였다.

　잠들기 전 슬슬 가려워서 온몸을 마구 긁어댔다. 사단이 난 것은 이튿날이었다. 겨드랑이와 사타구니, 항문 따위가 화끈거리며 불긋불긋 두드러기가 나는 게 아닌가! 그 지독한 가려움은 어린 내가 감당하기에는 너무나도 큰 고통이 아닐 수 없었다. 알고 보니 내가 먹은 것은 생김새가 마치 가죽나무순과 비슷한 옻나무순인 것이다.

　부질없는 욕심에 얻어진 교훈은, 남의 것을 탐하지 말라는 성경의 말씀이다. 나는 옻에 대한 그 악몽으로 인해 어른이 되서도 몸에 좋다는 '옻닭' 근처에는 얼씬 못 하고, '옻'소리만 들어도 몸이 가려워지는 느낌을 받았다. 하지만 옻닭을 먹기 전에 예방약을 먹으면 옻을 타지 않는다는 사실을 알고 나서 가끔은 옻닭을 삶아 먹었다. 간혹 더위에 지치고 기운이 없을 때는 뜨끈한 옻닭 국물이 눈앞에 삼삼하다.

　나는 십여 년의 서울생활을 정리하고 고향에 내려왔다. 빛바랜 추억 속의 그 원두막과 가죽나무는 여전히 그 자리를 지키고 있었다. 긴 세월동안 그루터기에 뻗어났음을 짐작하니 많은 자손들을 번식한 흔적이 남아 있었다. 어머니는 머리에 수건을 두른 다음 몸뻬 바지를 입고 아버지가 만들어주신 긴 대나무 낫으로 원두막에 올라가셨다. 한 뼘쯤 자란 새순을 대나무 낫으로 고수의 칼잡이처럼 예리하게 잘라내셨다. 그 가죽순은 한 곳 모아서 물을 뿌리고 거적을 덮어 신선함을 유지했다.

  어머니는 새벽 장에 나가려고 초저녁 잠깐 눈을 붙이시고는 밤을 꼬박 새우셨다. 오랜 밭일로 굽어진 손마디로 가죽 순이 행여 꺾일세라 귀하게 다루어 지푸라기로 엮어서 시장에 내다 파셨다. 해마다 가죽순은 어머니에게 용돈벌이를 안겨주었다. 그래서 자식들에게 짜장면도 사주고 손자들에게 용돈을 내밀었다. 어느 날 어머니는 내게 다락방의 쌀 단지 속에 숨겨두셨던 비닐봉투 안의 통장을 알려주셨다.

  그리고 몇 해가 지나고 봄을 기다리던 어머니는 정월달에 덩그러니 서있는 대나무 낫을 남긴 채 허무하게 돌아가셨다. 통장에는 피와 땀에 찌든 거금 천여만 원이 찍혀 있었다. 살아생전에 당신은 먹고 싶고 입고 싶은 모든 것을 참고, 한푼 두푼 모아 둔 자식들을 위한 비상금이었던 것이다.

  지금은 도시계획사업으로 집터와 그 가죽나무도 함께

혼적도 없이 사라졌다. 그토록 가죽나무 순에 애착을 갖으셨던 어머니는 하늘나라에서도 자식과 손자들을 위하여 해마다 봄이면 가죽나무 순을 따고 계실까?

_ 2020년 수필춘추 봄호

명절의 뒤안

명절은 모든 게 풍요로움 그 자체였다. 평상시에 목욕을 자주하지 못하므로 묵은 때를 벗기기 위해 항상 명절 앞두고 치루는 연중 행사였다. 가마솥에 물을 데워 부엌에서 큰 고무대야에 몸을 씻었다. 흩어진 가족들이 함께할 기대감에 부풀었다. 먹을거리가 부족한 시절이었지만 귀한 음식도 배불리 먹을 수 있어 기다려졌다. 명절만큼은 물질도 마음도 모두가 넉넉했다. 먹을거리도 중요하지만 서울로 돈 벌러 갔던 누이의 선물 꾸러미와 용돈이 더욱 기다려졌다. 집 앞 철길엔 부산으로 내려가는 객차마다 피난민을 방불케 한 콩나물 시루처럼 귀성객을 실은 기차는 분주하게 내달렸다. 기차의 기적소리가 날 때마다 대문 앞 언덕에 올라 서울로 간 누이는 이번 열차를 타고 왔을까? 몇 번이고 언덕길을 오르락내리락 했다.

 풍족한 살림은 아니지만 어머니의 정성스런 차례음식 준비가 분주해지자 음식 냄새가 집안 곳곳에 풍기기 시작한다. 명절의 잔치 분위기가 극에 오르니 어린 나는 마냥 신이 났다. 아버지는 먼 길에서 오는 자식들이 추울까 장작을 아궁이에 넣어 군불을 피운다. 쾌쾌한 장작 타는 연기가 굴뚝으로 피어오르기 시작하고 해가 어둑어둑하게 저물어 가자 학수고대 하던 누이 인기척에 애간장이 녹아버린다.

 긴 시간의 귀향길에 지쳤어도 부모님과 동생들의 선물 꾸러미는 잊지 않고 챙겨 왔다. 오랜만에 만져보는 짭잘한 용돈에 그저 마음까지 부자가 되었다. 가족들 모두가 모인 시끌벅적한 저녁밥상은 어떠한 음식이라도 맛없을 수가 없다. 오래 동안 묵혀둔 이야기 보따리가 검은 밤을 하얗게 새워도 부족했다.

 어머니와 누이가 새벽부터 정성으로 준비한 음식을 제기 그릇에 가득히 담아 상에 올리면 차례준비가 얼추 끝난다. 어머니는 차례상茶禮床 앞에 향불의 냄새를 피우도록

했다. 그러면 조상의 신神들이 향의 연기를 맡고 찾아온다는 무속신앙을 믿었기 때문이다. 향연기가 방안에 가득차기 시작하자 아버지가 술잔을 올리고 두 번 큰 절을 하고 나면 큰형, 작은형, 나, 누이 순으로 술과 절을 올린다. 모든 순서가 끝나면 아버지는 늦게 도착하는 조상의 신神을 위해 모든 차례음식을 조금씩 떼어 퇴주 그릇에 담아 대문 앞에 놓아두게 했다. 덕분에 동네 강아지들의 잔치 날이 되었다. 풍성한 아침 밥상에 온 가족들이 한자리에 모여서 아침 먹을 준비를 한다. 참기름을 발라서 숯불에 구운 자연산 김에 따끈따끈한 흰쌀밥 쌈하여 먹으면 고소한 향기에 밥의 온기가 입안에 퍼지니 고소하며 달달한 꿀맛을 잊지 못한다. 다른 음식은 몰라도 생선찜은 어머니가 명절 때마다 막내인 내가 도맡아 먹게 챙겨 주셨다. 그 입맛에 지금도 생선은 나의 단골 메뉴로 밥상에 자주 오른다. 명절 휴가가 막바지로 다가오면 떠나는 자식들 먹을거리를 어머니는 바리바리 봇짐을 싸서. 각자의 일터로 떠나는 자식들 손에 쥐어 준다. 못내 아쉬움을 뒤로 하고 떠나는 누이가 멀어지는 뒷모습에 괜히 눈가가 붉어진다.

  그렇게 잊지 못할 명절의 추억은 떨어지는 낙엽처럼 층층이 쌓였다. 그러나 한 해, 두 해 명절을 보내고 성인이 되면서는 쌓였던 명절의 추억들은 한 잎 두 잎 날아가더니 무더진 칼처럼 변하였다. 나의 세대층 대다수가 나와 같은 느낌일 거다. 더구나 나는 호텔에 근무하면서는 업장 특성상 명절은 불편한 존재가 되어가고 있었다. 다른 사람들은 명절 추석연휴를 호텔에서 즐긴다. 그래서 '추캉스'라는 신조어까지 등장하여 명절에 호텔은 바쁜 시즌이 되어 버렸다. 과거의 명절은 어려운 형편에도 이웃과 음식을 나눠 먹으며 정을 키워 사람 사는 냄새가 풋풋하게 흘렀다. 지금은 이웃과의 왕래는 고사하고 이웃에 누가 사는지 조차 모른다. 이웃사촌이라는 말은 이젠 듣기 어려운 과거의 단어가 되었다.

요즘 명절은 조상님께 차례 지내는 풍습도 변하고 있다. 조상님의 제사상은 휴양지에서 차례를 지내며 휴가를 겸한다. 조상님 덕에 연휴명절을 기회 삼아 해외로 여행을 떠나는 사람들이 늘고 있다. 바쁜 생활로 인해 차례상 음식은 주문배달식으로, 조상님 산소는 벌초대행업체에 맡긴다. 자식들이 고향을 찾는 게 아니라 부모님이 역귀성하는 가정들도 늘어나고 있다. 시대흐름에 따라 빠르게 명절의 풍습도 변하고 있다.

옛날 마음 설래이던 명절의 모습을 찾아 볼 수 없게 되었다. 오래간만에 그리운 친척, 친구들을 만나서 이런 저런 이야기들을 나누며 즐거운 시간을 보낸다는 것은 이제는 귀한 일이 되었다. 예전처럼 가족의 향수에 젖은 애뜻함이 담겨있던 명절 분위기가 서서히 사라지고 감정까지 메마르니 삭막해져만 가고 있다. 명절 증후군으로 이혼율은 급증하고 가족 간의 사건사고가 빈번하게 일어나서 어두운 명절이 되어가고 있다. 요즘 문화가 그렇고 환경이 그렇게 변화해 가고 있어 안타가운 현실에 마음이 씁쓸하다.

요즘 젊은 세대들은 명절의 향수가 있을까? 있다면 어떻게 느낄까? 어릴 적 추억이 없으면 나이가 들어서는 마음이 황폐해진다. 이제 부모님과 형님, 누이들과 함께하던 예전의 명절 분위기를 나에게 찾을 수 없다. 더러는 오랜만에 북적이는 옛 명절의 사람 사는 냄새가 더욱 그립다.

_ 2021년 수필춘추 봄호

노란색 마술의 신비

    카레(curry)는 별미라서 어린아이부터 어른들까지 좋아하는 음식이다. 야채와 고기를 넣고 걸쭉해질 때까지 끓여 밥에 얹어 비벼먹는 것으로 알고 있다. 인도의 음식 중에서 으뜸인 카레는 우리가 흔히 알고 있는 한국식 노란 카레와는 다른 점이 많다. 인도식 카레 요리는 배합 향신료*로써 강황이나 고수 열매 등 여러 가지 재료를 첨가해서 만든다. 그래서 다양한 색깔의 걸쭉하지 않은 카레 요리가 많다.

    카레를 일주일에 한두 번씩 먹으면 노인성 치매도 낮출 수 있다고 한다. 미국의 듀크대학, 무랄리 도라이스 교수

팀은 카레에 있는 노란색 강황의 '커큐민' 성분이 노인성 치매 예방에 좋은 식자재라고 발표했다. 카레가 치매에 영향을 주는 '베타 아밀로이드' 단백질과 결합해 이 단백질의 확산을 방지해 주는 역할을 한다는 사실이 쥐의 실험을 통하여 증명되었다고 한다.

우리나라에서는 강황을 울금과 동일시하는 경우가 많다. 하지만 엄밀하게 따져보면 강황과 울금은 다르다. 강황은 성질이 따뜻해서 몸이 차가운 사람에게 좋다. 강황은 대부분 인도에서 생산되며 일부 동남아시아의 열대성 기후에서도 생산이 된다. 반면, 울금은 그 성질이 차서 몸이 따뜻한 사람에게 좋다. 우리나라의 진도를 비롯한 중국, 일본 등 주로 온대성 기후에서 생산된다.

강황과 배합 향신료가 어우러진 카레의 독특한 조리법이 오늘날 전 세계인의 입맛을 사로잡고 있다. 인도의 카레 요리는 오래전부터 사람의 건강까지 고려한 다양한 방법으로 거듭 개발되어 건강식으로 널리 알려져 있다. 따라서 카레 요리가 보편화된 인도에선 치매 환자가 적은 이유도 그 중 하나가 아닐까?

우리는 주식인 쌀밥과 다른 음식들을 비벼먹는 식습관을 갖고 있다. 그런 이유에선지 50년 전부터 분말로 만들어진 인스턴트 카레가 상용화되었다. 그 후 많은 시행착오를 거쳐 지금은 다양한 맛을 내는 즉석 카레가 만들어져 제품으로 판매되고 있다. 요즈음 들어 손쉽게 만드는 간단한 조리법이 인기를 끌면서 사람들이 즐겨먹는 음식이 되었다.

80년대 중반, 강남구 압구정동 현대백화점 앞에 일본식 카레 전문점이 있었다. 그곳에서 일하던 친구가 카레 맛을 한번 보라며 내게 가져온 적이 있다. 그런데 내가 지금까지 먹어 본 카레와는 색과 맛에서 확연한 차이가 있다. 패밀리레스토랑에서 만드는 노란색 카레에서 나는 약간 매콤한 맛이 아닌, 갈색에 돈가스 소스와 흡사한 맛을 느꼈다. 내가 아는 상식으로는 도저히 이런 맛이 이해가 되지 않아 그 친구와 갑론을박한 적도 있다.

카레는 인도에서 일본을 경유하여 우리나라로 들어왔다. 카레는 나라마다 그 나라 사람들의 입맛에 맞는 조리법으로 개발되었기 때문에 그 맛이 어떻다고 한마디로 단정할 수가 없다. 그래도 한국식 카레 하면 노란색에 약간 매콤한 맛이 난다고 할 수 있을 것이다. 시대의 흐름에 따라 음식의 트렌드도 많이 바뀌고 있다. 카레도 카레돈까스, 카레스튜, 카레두부, 카레우동, 카레생선구이, 카레볶

음밥, 카레두부구이 등 일일이 나열하기조차 어려울 정도로 카레 가루를 이용한 음식이 많다. 특히 카레는 고기류의 냄새를 없애주는 최고의 향신료 역할도 하고 있다.

  대전 근교에 치매센터 요양원이 있다. 고령의 치매 환자는 잘 짜여진 프로그램을 통해 예방과 치료를 한다. 나는 무료급식 봉사요원으로 봉사활동에 참여해 그곳에서 점심 준비를 한 적이 있다. 200명분의 음식에 카레를 첨가한 메뉴를 만들었다. 양식 코스로 큰 틀을 제시하고, 카레 스프, 카레드레싱 야채 샐러드, 햄버거 스테이크 카레소스, 카레 볶음밥을 만들어 주었다. 어르신들께는 생소한 카레 요리인지라 내심 긴장이 되었고 그분들의 반응이 궁금했다. 행여나 잘 드시지 않으면 어쩌나 하는 걱정도 되었다. 하지만 내 생각은 기우였다. 모두 맛있게 드시고 직원들까지 모두 흐뭇해하였다. 드시는 동작이 다소 불편해 보였지만, 깨끗하게 비운 접시를 보니 너무나 감사했다. 이런 메뉴들을 더 많이 개발하여 이런 단체에 식사메뉴로 자주 사용한다면 얼마나 좋을까?

  이후 나는 몇 차례 이런 뜻 깊은 행사에 참여하였다. 그리고 '가온봉사단' 후원으로 월 1회 대덕구에 거주하는 독거노인 500명에게 무료로 음식을 제공하는 배달 봉사에서도 카레를 손수 끓여드렸다. 어르신들이 카레를 드시는 모습을 보면서 돌아가신 어머니 생각이 나 한동안 가슴이 먹먹했다. 언젠가 어머니께 카레밥을 해드린 적이 있다. 그런데 입에 안 맞으시는지 맵고 떫다며 한 숟갈을 들다 말고 된장에다 밥만 쓱쓱 비벼 드시는 게 아닌가. 영문도 모르는 나는 어머니가 남기신 카레를 모두 먹어버렸다. 카레는 어머니 세대의 어르신들도 잘 드시는 음식이었다. 그런데 어머니는 왜 카레를 드시지 않았을까? 세월이 지나 내가 어머니 나이가 되고 보니, 어머니는 그 당시에 카레가 귀한 음식이라 자식에게 그 음식을 먹이고 싶어 잡수시지 않았을 것 같다. _ 2020년 춘추수필 여름호

*인도식 카레에 첨가되는 향신료에는 강황, 고수열매, 고추, 후추, 칠리, 정향, 계피, 호로파, 육두구, 생각, 겨자씨, 회향 열매, 올스파이스 등이 들어간다.

호박의 비밀

　　　　　　사월 중순이 되면 어머니는 더욱 바빠지셨다. 돼지우리 담장 아래에 일곱, 여덟 뼘 거리를 두고 군데군데 큼직하게 구덩이를 파놓으셨다.

　호박은 거름이 많이 필요한 식물이다. 파놓은 구덩이에 분뇨와 퇴비에 약간의 흙을 넣고 고루 섞어둔다. 열흘이 지나면 구덩이에 씨앗을 뿌리고 둘레에 나무를 꽂아 돔 모양의 비닐을 덮는다. 그러면 따뜻한 자연의 온기에 여린 새싹이 땅을 비집고 올라온다. 덩굴작물인 호박 줄기는 유월부터 하루가 다르게 기세를 뽐내며 자란다. 돼지우리 지붕에 나무 지지대를 세워 줄기를 묶어주면 그 스스로 덩굴을 만들어 지붕 곳곳으로 뻗어 자리를 잡는다.

호박꽃은 암수가 다르므로 벌과 나비가 활동하지 않으면 인공 꽃가루받이를 해줘야 한다. 그렇지 않으면, 꽃이 펴도 열매를 맺지 못하고 그냥 떨어져 버린다. 나비와 벌들의 왕성한 활동이 시작되면 자연수정이 쉽게 이루어진다. 여러 갈래의 호박꽃 아래 열매가 열리기 시작한다. 이때부터 튼실하게 자라도록 영양공급을 위해 호박 뿌리에 웃거름을 넉넉히 뿌려줘야 한다.

바람에 떨어지는 호박꽃도 쓸 데가 있다. 노란꽃 심을 따서 낚시찌에 꽂아 낚싯밥으로 쓰면 개구리가 낚였다. 호박 열매를 튼실하게 키우려면 줄기와 줄기 사이에 나는 새순과 호박잎들을 솎아준다. 또한 잎은 줄기의 껍질을 벗긴 후 살짝 데쳐서 간장 양념이나 된장국을 끓여먹기도 한다. 열매를 맺지 못한 꽃은 따서 만두소를 넣고 빚으면 맛난 호박꽃만두가 된다.

여름 뙤약볕 폭염으로 호박잎은 패잔병처럼 힘을 잃고 축 처진다. 늘어졌던 호박잎도 해가 뉘엿뉘엿 지기 시작하면, 오뚝이처럼 다시 일어서는 걸 보면 참으로 신기하다. 한낮의 먹구름은 두두둑 두둑, 소나기를 퍼부어 호박잎 사이로 숨어있는 통통한 호박들을 말끔하게 목욕시킨다.

돼지움막에 나무 사다리를 걸친 나는, 지붕 위로 살짝 올라간다. 낮은 자세로 슬레이트 지붕이 꺼질세라, 줄기가 밟힐세라, 서까래에 못질한 자리를 찾아 조심조심 발걸음을 옮긴다. 씨가 들어차기 직전의 어리고 통통한 놈을 골라 두세 개 따가지고 내려온다.

우물물에 씻은 애호박을 가늘게 채로 쳐서 밀가루 반죽을 한다. 자른 호박꼭지를 돼지기름에 묻혀 프라이팬에 여러 번 쓱쓱 발라, 석유풍로에 올려놓고 뜨겁게 달군다. 프라이팬에 반죽한 호박을 한 국자 듬뿍 떠서 붓고 얇게 골고루 펴 지진다. 빗소리와 화음을 맞추며 '찌직, 찌지직' 익어가는 호박부침개를 보면 예술이 따로 없다. 그 시절, 누구에게나 최고로 맛있는 간식거리였다.

처서處暑가 지나면 어머니는 내게 주렁주렁 열린 호박 중에서 씨가 영글지 않은, 긴 호박을 골라 따오라고 해서 둥글게 썰었다. 그리고 나서 엉성하게 엮은 대나무발에 널어 가을 햇살에 바싹 말렸다. 말린 호박을 거두어 봉투에 담아 곳간 큰 항아리에 넣어 겨울 양식을 준비해 두셨다.

상강霜降이 지나면 호박잎 줄기는 기운을 잃고 비실비실 말라간다. 돼지움막 지붕위에는 바윗돌 크기의 노란 호박들이 즐비하게 가을걷이의 마지막 순서를 기다린다. 어머니는 나무 사다리를 놓고 지붕에 올라 늙은 호박을 따오셨다. 늙은 호박은 겉이 단단해서 저장성이 좋고 이듬해까지 먹을 수 있는 귀한 식재료이다.

  호박의 어린잎은 쌈으로 먹고 애호박은 부침개로 먹으며, 늙은 호박은 죽을 끓이고, 호박씨는 볶아 기나긴 겨울밤의 간식에도 좋고 기름을 짜서도 먹는다. 바싹 말린 호박잎과 줄기는 불쏘시개로 쓰니, 어느 하나 버릴 게 없는 것이 호박이다. 그런데도 호박은 억울하다 하겠다. 흔히 '호박꽃도 꽃이냐? 호박에 줄 긋는다고 수박이 되냐?' 못생긴 얼굴을 '호박같이 생겼다'는 등, 부정적으로 비유한다. 그래도 호박은 불평 하나 하지 않고 자신의 모든 걸 우리에게 아낌없이 내주고 있다. 그 시절 나는 달달하고 쫄깃한 호박고지의 맛에 흠뻑 빠져 있었다. 어머니께 김치찌개나 된장국 끓일 땐 호박고지를 많이 넣어 달라는 주문을 잊지 않았다. 늘 호박고지만 골라먹다가 아버지한테 꾸중을 들은 적도 있지만, 언제나 호박고지만 고집했다. 결혼 후에도 어머니는 호박고지를 정성스레 실에 꿰어서 가져오셨다. 호박고지는 내가 제일 좋아하는 겨울 반찬이었으나 이젠 어머니의 사랑과 정성이 담긴 호박고지의 맛을 볼 수가 없다.

어머니가 만들어 주신 호박고지를 십여 년 동안 먹지 않고 냉장고에 보관해 온 적이 있다. 어머니의 손맛이 그리워 오랫동안 간직하고 싶어서였다. 헌데 어느 날 처형들이 와서 집안과 냉장고를 청소한다면서 묵은 호박고지를 모두 갖다 버렸다. 지금 생각해도 그 때의 안타까운 마음은 이루 말할 수 없다. 어머니의 흔적이 내게서 떠나갔다는 사실에 허전한 마음은 무엇으로도 달랠 길이 없었다. 어머니에 대한 사랑과 그리움을 한꺼번에 잃어버렸다는 생각에 한동안 많이 상심했었다. 어려웠던 시절에는 구황식품으로 우리의 생명을 지켜주었다. 핍박만 받던 호박도 그 진가가 알려지면서, 건강식품으로 우리 곁에 가까이 올 날도 머지않았다는 생각이 든다. _ 2020년 수필춘추 가을호

응어리진 여자의 일생

'참을 수가 없도록 이 가슴이 아파도 여자이기 때문에 말 한마디 못 하고 헤아릴 수 없는 설움 혼자 지닌 채 고달픈 인생길을 허덕이면서 아~아~ 참아야 한다기에 눈물로 보냅니다. 여자의 일생~'

1968년 이미자 선생님 대중가요 '여자의 일생' 가사이다. 가사에서 말해주듯 그 시대적 배경을 잘 표현해 주는 여성상은 '참음'을 미덕으로 삼았다. 여성 대통령도 나온 요즘 세상에는 큰일 날 소리였지만, 어찌 되었던지 우리 어머니 세대의 삶이란 오직 책임감과 희생으로 강요됐던 시대임에는 틀림없었던 것 같다.

나에게는 어머니가 두 분 계신다. 한 분은 날 낳으시고 키우신 어머니이고, 또 다른 한 분은 내가 결혼하면서 얻은 아내의 어머니이다. 태어난 본관, 고향, 성격, 성향, 취향, 습관, 종교, 가치관 등이 전혀 다르지만, 내가 겪고, 느낀 두 분의 공통점은 6남매 자식을 낳은 점, 자식에 대한 희생과 신앙심이다.

두 분은 종교는 다르지만 믿음이 강하셔서 하루의 일과를 새벽기도로 시작하였다. 장인 어른은 70~80년 우리나라 경제발전의 초석이 되었던 중동건설 붐으로 오일달러를 벌기 위해 40~50도에 달하는 열사의 나라 사우디아라비아에서 번 돈으로 장모님께 건어물 가게를 차려주셨다. 장모님께서는 예배를 드리기 위해 가게 문을 자주 닫으셨고, 그로 인해 장사가 제대로 되지 않았다. 장인 어른은 본인이 피땀 흘려 벌어 차려주었던 가게가 장모님의 관리 소홀로 망했다고 생각했다. 그 이유로 장모님과 종교적 갈등으로 하루가 멀다하고 집안이 편한 날이 없었다. 약주라도 드시고 오시면 나의 아내는 가슴이 벌렁벌렁 뛰었고 늘 장인 어른의 일방적인 싸움으로 끝났다. 장모님은 장인 어른의 폭력에도 굴하지 않고 꿋꿋하게 자식들을 위해 신앙생활을 하셨다.

나의 어머니는 고유 토속신앙을 섬기셨다. 새벽에 일어나 가족의 아침밥을 짓기 전 장독대에 깨끗한 정화수井華水를 떠 놓으시고 자식들의 건강과 무사함을 두 손 모아 지극 정성으로 빌었다. 나뿐만 아니라 가족들의 신변을 위해 생일날이면 비가 오나 눈이 오나 늘 새벽에 식장산에 있는 고산사 절을 잊지 않고 찾으셨다. 그러던 어머니는 내가 교회를 다니기 시작하면서 집안에 신神은 하나로 모셔야 된다며, 나의 기독교 신앙을 격려해 주며 평생을 모셨던 토속신앙의 대표인 장독대에 있는 정화수를 철수하였다. 그리고 고산사 절에 걸어둔 나의 연등燃燈도 내렸다.

술로 한세상 살아오신 아버지 덕에 가장의 노릇을 해야 했던 어머니는 삶에 지치시면 "이놈의 내 팔자야!" 하시며 외할아버지에 대한 원망 섞인 말씀을 자주 하셨다. 자식 복도 없다 보니 어머니의 삶이 송두리째 빼앗긴 인생이었다. 나로 인해 어머니는 더욱 쓰라린 인생을 살아야 했다. 나를 볼 때면, 얼굴엔 웃음을 잃지 않고 막내인 나에게 항상 '놀부'라는 애칭으로 날 반겼다.

어머니는 내 생일 하루 전 저녁 무렵, 통화중 "이제 술 좀 그만 마셔라!" 하는 말씀을 하셨다. 나는 늘 같은 말로 "알었어유." 라는 통상적인 대답으로 대꾸하였다. 그랬던 어머니는 내 생일 새벽에 심장마비로 한 많은 세상을 촛불처럼 사시다 연緣을 놓으셨다. 당부의 말씀이 유언이 될 줄 몰랐던 철없는 내 자신이 죽도록 싫었다. 나는 어머니 유언대로 장례를 치루고 술을 끊는 결단을 했다.

장모님과 장인 어른은 자식들이 점차 커가면서 싸움보다는 냉각기를 택하셨다. 털털하며 낙천적 성격인 장모님은 구순이 넘은 시어머니를 모시면서 힘든 내색 없이 잘 모셨다.

2005년 2월 찬바람이 심하게 불던 저녁에 아내의 전화를 받고 을지병원 응급실로 달려갔다. 응급실에는 처남, 처형들이 이미 도착하여 검진결과를 기다리며 좌불안석이다. 뇌출혈이라는 진단결과가 나왔다. 장모님의 손을 잡으니 거친 손 마디마디에 차가운 냉기가 추운 곳에서 오래 있었음을 짐작케 했다. 장모님은 수술을 하고 재활운동에 몇 달간 전력을 다했지만, 정상적으로 돌아오지 않은 신체에 의욕이 상실되어 점차 재활을 소극적으로 하기 시작했다. 결국 대화동에 있는 노인 요양병원으로 가셨고 휠체어에 몸을 의지한 채 언제나 나의 방문을 반겨주셨다. 굵고 거친 손마디는 오랜 병원 생활에서 허물을 벗은 듯 어린애 손처럼 부드럽게 변했다. 내가 면회 갈 때마다 장모님께서는 "사돈 어른은 안녕하시고?"라고 나에게 물어보면 나는 "그럼요."라고 대답한다. 장모님에게 어머니 돌아가신 사실을 알리지 않았다. 장모님은 내가 면회 가면 꼭 사돈의 안부를 챙겼고 나는 그때마다 거짓말을 했다. 어머니의 안부를 물을 때마다 나의 마음은 찢어지는 고통이었다. 그렇게 3년 동안에 사돈의 안부를 챙기시더니 점점 본인 몸이 쇠약해지면서 장모님 머릿속에서 나의 어머니는 서서히 지워지고 있었다.

그래도 장모님은 15년의 요양병원 생활을 신앙의 힘으로 잘 견디셨다. 장모님은 우리가 면회 가면 늘 웃는 모습으로 우리를 위해 기도해 주셨다. 어려운 처지를 비관하지 않고 지혜롭게 받아들였다.

어느 날 병원 측에서 중환자실로 모셨다는 연락이 왔다. 의사 선생님은 준비된 서류를 가족들에 보여주었다. 연명치료을 할지, 안할지에 대한 의사결정 서류였다. 미리 가족 간 의견을 조율했기에 처남은 연명치료 거부 의사를 작성했다. 중환자실에 계신 장모님은 곤하게 주무시는 숨소리뿐 우리가 온 인기척도 들리지 않으셨나 보다. 그 후 보름쯤 의사로부터 임종臨終을 알리는 연락이 왔다. 아내와 나는 요양병원에 계시는 장인 어른을 모시고 장모님이 계신 중환자실로 들어가 보니 가쁘고 거친 숨소리가 예사롭지 않았다. 장인 어른이 장모님 이마에 손을 얹는 순간, 아내가 "엄마 아빠 왔어!"라고 귀에 대고 말해도 거친 호흡뿐이다. 장모님은 장인 어른과 화해를 위해 힘든 고비를 이겨내며 기다린 것 같다. 이렇게 장모님의 가시는 길에 장인 어른의 따뜻한 손으로 환송을 받으시며 이승을 등지고 하나님의 품으로 가셨다. 처가 식구들은 장인 어른과 장모님께서는 화해의 장이 마지막 가시는 길에 되었으리라고 믿고 있다. 대전추모공원 수목장으로 장모님을 모셨다. 그로부터 150여 일이 지나서 나의 어머니도 금산 선산에서 이장하여 같은 공원 옆 불과 예닐곱 걸음쯤 거리를 두고 모셨다. 두 분께서 지번地番이 같은 곳에서 만나 이 세상에서 못 나눈 소식을 저승에서나마 반갑게 나누리라 믿는다.

노년의 유치원

드르륵 드르륵 핸드폰 진동 소리가 울린다. "아빠 왜? 잘 안 들려 아빠!" 아내가 다그치자 이윽고 "말이 잘 안 나와." 장인 어른의 어둔한 말투의 통화가 예사롭지 않았다. 119 구조대에 연락하여 신속한 대응으로 을지병원 응급실로 모셨다. 정밀검진 결과 뇌경색으로 판명되어 바로 혈관내 스탠트 시술을 받으셨다. 간혹 정신을 되찾지 못해 고생하셨던 장인 어른은 몇 가지 생활용품과 옷을 챙겨서 우리 집으로 오시면서 동거가 시작되었다.

장인 어른은 팔순 중반의 나이에도 불구하고 10여 년을 혼자 식사도 끓여 드셨다. 모든 일상생활을 스스로 불편함 없이 잘 하셨다. 워낙 꼼꼼하고 자기 관리가 철저한 분이라서 우리집 생활에 그리 불편함이 있겠나 싶었다. 그러나 딸인 아내는 내 생각과 다르게 신경이 많이 쓰이는 것 같았다.

어느 날 늦은 저녁시간 잠자리에서 소란스런 인기척에 깨어 보니 장인 어른은 베란다 유리를 옷걸이로 깨질 듯 반복적으로 두드렸다. 방안 서랍장의 옷을 여기저기 늘어놓아 난장판을 만들었다. 나와 집사람은 야밤의 난리에 놀라지 않을 수 없었다. 치매 증상처럼 사람을 못 알아보고 사리판단이 안되며 과격해졌다.

다음 날 유성에 있는 한 가족요양병원에 입원하여 약물치료를 시작하셨다. 병명이 선망증으로 판명 났다. 선망증은 수술 후 또는 노인층에서 흔하며 갑자기 발생하여 피해망상, 의식의 장애, 주의력 저하, 언어력 저하 등 인지 기능이 환각장애와 정신병적 증상을 유발하는 신경정신질환이란다. 나는 출퇴근길에 병원에 들러 주의 깊게 상태를 살폈다. 장인 어른은 병원생활이 적응이 안 되는지 내가 갈 때마다 퇴원만 종용하였다. 일주일이 지나자 약물 치료의 효과가 있는지 내가 갈 때마다 느꼈지만 특이사항은 없었다. 의사 선생님과 면담 결과 집에서 약물치료를 해도 된다는 의견을 들었다. 처가 식구들과 상의 끝에 퇴원을 결정하여 다시 우리 집으로 모셨다. 장인 어른은 자신만의 루틴을 철저하게 지키신다. 식사를 마치면 꼭 거실을 여러 바퀴 돌며 소화를 시킨다. 햇볕이 들어오는 오후에는 발코니 의자에 걸터앉아 어디서 얻은 지식인지 바지를 무릎까지 올리고 비타민D 섭취와 관절통증 완화를 위해서라며 일광욕을 즐기신다.

 나는 출근길 식사할 음식을 식탁에 마련해 놓고 장인 어른께 되도록 가스불 사용은 금하게 했다. 쪽지에 메뉴를 큼직하게 써놓고 가면, 혼자서 곧잘 챙겨 드셨다. 때로는 자신이 드시고 싶은 것이 있으면 내가 잘 보일 수 있는 싱크대 옆에다 재료를 사다 놓으셨다. 특히 돼지수육은 된장 물에 삶아 놓으면 좋아하셨다. 고향이 경상도 분이라 무전을 너무 좋아하셔서 저녁에는 꼭 무전을 부쳐드렸다. 그렇게 딱 한 달 동안을 무전을 드시는 걸 보고 뭐 그리 대단한 맛일까? 궁금증에 먹어보니 그저 밋밋한 맛일 뿐이다. 예전에는 거들떠보지도 않았으나 한 번 두 번 먹다보니 나 역시 매료되기 시작하였다.

 "아버지 10분 후 도착하니 내려오세요!" 아침 출근하기 전 장인 어른과 목욕하기로 약속하였다. 종종 걸음으로 차에 오른 장인께서는 방긋 웃었다.

"어버님 오늘 뭐하고 계셨어요?" "으응 그냥 있었어." 늘 상투적인 대답에 내가 어리석었나? 온탕에 마주 앉아 침묵이 흐르며 난 곁눈길로 장인 어른의 행동과 시계를 번갈아 본다. "아니 아버지 10분 채워야 때 벗겨져유." "뜨거워서 그래." 매번 5분이 지나면 온탕을 벗어나려 하지만, 나는 애 달래듯하여 10분을 채운다.

좌식 샤워기 앞에 앉게 하고 타올로 비누칠을 하여 등을 밀어드리면 "시원하네 최 서방도 등 돌려!" "저는 매일 목욕하니 괜찮아요." 장인 어른의 목욕시간은 항상 20분에 마친다. 목욕을 마친 후에는 늘 베지밀을 사서 한 병씩 마셨다. 집에 들어가기 전 나는 장인 어른께 "저녁 짜장면 드시겠어요?" "아니 오늘은 집에서 무 부침개나 먹지!" 그날 저녁도 장인 어른께서는 무 부침개로 때우셨다.

낮에 혼자 계시는 무료함을 달래드리기 위해 장인 어른을 설득하여 노인주간보호센터를 다니시게 했다. 워낙 내성적인 성격 탓에 주위 어른들과 적응을 못하시고 2~3일 만에 포기하셨다. 그렇게 6개월을 우리와 함께 사셨던 장인 어른께서는 아픈 다리로 인해 우리 집을 떠나 치료차 병원에 두 달여 입원하셨다. 노환으로 인한 차도가 없었고 우리가 보살펴 드릴 수 없기에 결국은 가양동 요양병원으로 모셨다. 어린 아이처럼 함께 집으로 가자고 떼 쓰시는 장인 어른을 맡기고 오는 그날은 왜 이리 마음이 짠하던지. 너무나 죄송스러웠다.

입원 후 한 달간 우리가 면회를 갈 때마다 집에 가자는 성화에 마음이 많이 아팠다. 6개월이 지난 요즘은 완벽한 적응이라고 볼 수 없지만, 예전에 비해 웃는 횟수도 늘고 식사도 제법 잘하셔서 그나마 자식 된 도리로 감사할 따름이다. 오늘도 장인 어른이 좋아하는 양갱, 부드러운 카스테라, 컵라면 등을 가지고 장인 어른을 만나러 갔다.

궁극적인 삶으로 앞만 보시고 사시다 보니 어느덧 미수米壽가 되셨다. 겸연쩍게 웃으시면서

"최서방 나 90은 살겠지?" 라고 하시기에, 나는 고개를 가로저으며 "장인 어른은 상수上壽는 무난하실 거요."라고 치켜세우니 장인 어른께서는 손사래 치신다. 천진난만한 주름진 미소가 나에게 편안함을 주는 건 왜일까?

흙으로 돌아가다

　　　　아버지의 봉분封墳이 멧돼지의 극성으로 자주 파헤쳐졌다. '왜 하필이면'이라는 궁금증도 잠시, 불길한 생각이 뇌리를 스친다. 혹시 무덤 속 아버지 유골에 무슨 이상이 있는 것은 아닌지? 생각하던 차에 오래전 풍문風聞으로는 들었던 얘기가 생각났다. 간혹 멧돼지들이 봉분을 파헤치면, 유골이 잘 썩지 않는다든지 무덤 안에 물이 차 있다든지 라는 해괴한 말이 생각났다. 나는 한참 동안 고민에 빠졌다. 요즘에는 점점 1인 가족이나 핵가족으로 분묘墳墓 관리하기가 어려워지고 있는 현실이다. 나는 갈수록 더 어려움이 있을 것 같아서 형제들에게 수목장으로 이장하기를 권했다. 다행히 모두가 나의 의견을 받아들여 화장하기로 결정했다.

이장 시기는 가족들의 의견에 따른 윤달閏―에 맞춰 진행하기로 했다. 유교 사상이 깊은 우리 민족은 옛날부터 내려오는 속설로 윤달에 이장하면 후손에게 좋다고 하니 화장을 신청하는 사람이 너무 많았다.

관청에서는 공정성을 위해 한 달 전 새벽 0시부터 인터넷 접수를 받고 있었다. 아내와 처제가 화장신청을 시도했지만, 첫날은 허무하게 선정에 실패를 하였다. 그 시간에 접속자 수가 무려 천삼백 명이 넘는 과열이다 보니, 불과 몇 초 사이에 당첨자가 결정 난 것이다. 나는 대책 마련으로 직원들과 조카, 친구 아들 등 여러 사람의 명의로 다른 날짜로 신청을 부탁하여 어렵사리 선정되었다. 소위 로또 당첨이라고 할 정도로 이날의 접속자 역시 1,365명이었다. 이장을 결정하고 나니 속이 시원하면서도 살아생전 아버지께서 하신 말씀이 생각났다.

"나 죽거든 두 번 죽이는 화장은 절대 하지 마라." 하시면 어머니께서는, "죽은 몸이 뭐가 또 죽는다고." 응수하시곤 했다. 그렇지만, 막상 생과 이별을 일주일 남겨두고는 아버지께서는 어머니를 조용히 부르시고는 화장해 달라는 유언을 남기고 돌아가셨다. 그러나 큰 형님의 완고함에 화장하지 않고 묘소墓所에 모셨던 것이다.

　19년이란 세월을 굳건히 지킨 묘소는 초여름의 산기슭으로 햇살이 내리쬐는 가운데 6남매 모두가 지켜보며 파묘破墓를 했다. 떨어지는 일꾼의 땀방울 숫자만큼이나 그간의 아버지 유골에 안녕을 빌며 기도하였다. 2시간의 삽질과 곡괭이질 끝에 들어낸 유골은 황골로 탈색되어 나의 쓸데없는 우려를 말끔히 씻어내렸다. 유골 하나하나 빠짐없이 거두어 화장터를 가기 위해 유골함에 모았다. 19년 동안 묻혀계셨던 못자리를 정리하면서 그 동안의 자릿세라며 동전 몇 개를 묻고, 화장터인 정수원으로 이동하였다. 고인을 모시고 온 많은 차량들은 순서대로 줄지어 서 있었다. 검은 상복 차림의 상주들이 이곳저곳에서 슬피우는 소리가 들려왔다. 나는 이미 19년 전에 슬픔을 겪어서 그런지 그다지 슬프지 않았다. 왜, 그랬을까. 예약된 대로 절차를 진행하고 화장할 시간을 기다렸다. 호명에 따라 아버지의 유골 상자를 커다란 쇳덩어리 받침이 집어삼키더니 두꺼운 철문이 닫힌다. 1,000도가 넘을 열기에 의해 아버지 유골은 단 20분 만에 한줌의 재가 되어 유골함에 담겨졌다. 뙤약볕이 내리쬐어도 푸르름을 자랑하는 소나무 그늘 아래 영원한 자연으로 돌아가셨다.

　살아생전에 당신은 술로 인하여 아버지로서 자리를 지키지 못하셨다. 늘 어머니의 고생은 이루 말할 수 없고 우리 가족은 아버지에 대한 미움과 원망으로 살았고 가족들은 항상 어머니 편에서만 섰다. 아버지가 떠난 후에 집안의 빈자리 곳곳인 장롱, 화장실, 항아리, 부엌 찬장 등 숨길 수 있는 공간에는 어김없이 빈 소주병들이 나왔다. 당신도 가족들이 술 드시는 걸 싫어하는 줄 알았는지 숨겨두고 몰래 드시곤 했었던 것이다. 그렇게 한평생을 술과 함께 찌든 모습, 술에 취해 풀린 눈동자와 혀 꼬인 잔소리가 심했다.

　어느 해 겨울에는 아버지가 술에 취해 자고 있던 나를 깨워 이유 없이 쫓아냈었다. 어린 나는 무서움에 도망쳐 나올 수밖에 없었다. 볏단을 이불 삼아 누워 하늘에 총총 떠 있는 별을 헤아리며 서러움에 눈물지었다. 어렸던 그날의 상처는 두고두고 아버지에 대한 트라우마로 남아서 해만 떨어지면 늘 불안했었다.

　지천명知天命을 훌쩍 넘긴 후에서야 아버지에 대한 용서가 된다. 아버지는 어린 나이에 부모님을 여위면서 부모로부터 받은 사랑이 없었다. 자식에 대해 내리 사랑하는 법을 몰랐다. 지금 생각해보면, 아버지에 대한 애증이 남아있다. 그래도 아버지는 우리 자식들을 위해 생업인 돼지를 기르기 위해 비가 오면 손수 만든 비닐 우의를 쓰시고, 눈이 오면 미끄럼 방지를 위해 고무신에 볏짚을 동여매고 새벽에 돼지밥(구정물)을 하루도 빠짐없이 가지러 다니셨다. 그래서 어머니가 우리 형제들 부양하는데 보탬이 됐기에 우리 6남매가 이만큼 살 수 있었다.

지체 장애인들에게 식사 봉사활동을 하면서 내가 이렇게 남을 위해 일할 수 있는 건강한 체력과 남에게 베풀어주는 성품의 DNA를 물려주신 아버지께 깊은 감사의 마음을 느꼈다. 그래서 어르신들께서 불효부모 사후회不孝父母死後悔라고 하는가 보다. 나는 아버지의 수목장 자리에 그토록 좋아하지만 눈치를 보며 드셨던 소주를 아낌없이 뿌려드렸다.

작가의 말

책을 내면서

　듣지도, 보지도 못했던 코로나 전염병! 많은 사람이 무참히 쓰러지고 인간의 생활방식마저 뒤바꿔 놓았다. 무시무시한 파괴력으로 마스크 대란까지 몰고 와 온 세상을 충격으로 빠뜨렸다. 그 여파가 실업자의 급증은 물론, 개인 사업자를 파탄시키며 가정까지 뒤집어놨다.

　국제적인 행사가 줄줄이 연기되며 나의 근무처에도 높은 파도가 밀려왔다. 태어나서 이런 난리를 처음 겪다 보니 하루하루가 고통의 나날이었다. 코로나는 날마다 뉴스를 도배하였고, 국민 모두는 허탈감으로 살아갔다. 거침없는 코로나의 기세는 백신 예방도 아랑곳없이 한 달, 두 달, 끝도 안 보였다. 암울한 세월이 몇 년 흘러갔다.

그러나 새옹지마塞翁之馬라고 했던가? 일손이 멈칫할 적에는 그동안 사부작사부작 써놓고 미루었던 글을 틈틈이 한편 씩 발표할 수 있었다. 어찌 되었건 내게는 코로나가 남겨준 선물인 셈이다. 전염병의 후유증은 아직도 남아 있지만, 어둡고 긴 터널을 빠져나온 기분이다, 그래서 요즘은 물과 불을 다시 불러서 그동안 비어 있었던 그릇들의 자리에 새로운 맛으로 채우고 있다.

무사히 탈고脫稿할 수 있도록 힘을 주신 하나님께 영광을 올린다. 격려와 질타를 아끼지 않았던 아내와 처제가 고맙고, 루아 엄마께 감사드린다. 그리고 시간문학회 동무들과 나침판이 되어주신 월송 선생님께도 감사드린다.

2023년 8월

최창업 수필집
소금이 맛을 잃으면 어찌하리

초판 1쇄 2023년 8월 8일
　　 2쇄 2023년 9월 1일

지은이 _ 최창업
펴낸이 _ 이영옥
편집인 _ 송은주
펴낸곳 _ 도서출판 이든북

신고번호 _ 제2001-000003호
주　　소 _ (34625) 대전광역시 동구 중앙로193번길 73
대표전화 _ 042-222-2536
팩시밀리 _ 042-222-2530
휴대전화 _ 010-6502-4586
전자우편 _ eden-book@daum.net
공 급 처 _ 한국출판협동조합
주문전화 _ (02)716-5616
팩시밀리 _ (031)944-8234~6

ⓒ최창업, 2023
ISBN 979-11-6701-239-5 (03810)
값 13,000원

* 지은이와 협의하여 인지는 생략합니다.
* 이 책 내용과 사진 전부 또는 일부를 재사용하려면 반드시 지은이와
  이든북 양측의 동의를 받아야 합니다.
* 무단 전재 및 복사 배포를 금합니다.